Planejamento para Cultivo de Hortaliças

Alface e Pimentão

André Toledo

Thaunon
Botucatu/SP
2023

Agradecimentos

Aos incansáveis pesquisadores comprometidos com a democratização do conteúdo acadêmico na área da agricultura,

Gostaria de expressar minha profunda gratidão a cada um de vocês pelo seu dedicado trabalho e esforço em prol da disseminação do conhecimento. Seu compromisso em tornar a informação acessível a todos é uma inspiração para todos nós.

No campo da agricultura, sua contribuição é de valor inestimável. Seja por meio de estudos inovadores, experimentos meticulosos ou publicações abrangentes, vocês estão transformando a maneira como abordamos a agricultura, promovendo práticas mais sustentáveis e eficientes.

Seu trabalho incansável para tornar o conteúdo acadêmico mais acessível merece nosso mais sincero reconhecimento. Ao compartilhar suas descobertas e conhecimentos com a comunidade, vocês estão contribuindo para o desenvolvimento de uma agricultura mais informada, capacitando agricultores e profissionais do setor a adotar práticas baseadas em evidências.

Além disso, vocês estão rompendo barreiras e superando desafios para garantir que o conhecimento acadêmico seja amplamente disponível. Ao lutar contra os obstáculos do acesso restrito e da falta de recursos, vocês estão promovendo a democratização da informação e possibilitando que mais pessoas se beneficiem de suas pesquisas e estudos.

Seu comprometimento com a democratização do conteúdo acadêmico é verdadeiramente inspirador. Vocês são agentes de mudança que estão impulsionando o progresso na agricultura e, por consequência, contribuindo para a alimentação global, a sustentabilidade e o bem-estar geral da sociedade.

Portanto, em nome de todos aqueles que se beneficiam de seus esforços, expresso minha mais profunda gratidão. Que sua dedicação e paixão pela democratização do conhecimento continuem a iluminar o caminho para um futuro agrícola mais próspero e sustentável.

Com sincera admiração e agradecimento,

André Toledo

"Da semente à colheita, o planejamento é o segredo para cultivar hortaliças de excelência: um encontro entre a delicadeza do alface e a intensidade do pimentão."

Apresentação

Bem-vindo(a) ao universo do cultivo de hortaliças, onde a arte e a ciência se encontram para criar ambientes produtivos e saudáveis. Em "Planejamento para Cultivo de Hortaliças: Alface e Pimentão", convidamos você a embarcar em uma jornada de conhecimento e descobertas, explorando os segredos por trás do cultivo bem-sucedido de duas das hortaliças mais amadas: alface e pimentão.

Neste livro, vamos além das simples técnicas de plantio, adentrando o mundo do planejamento estratégico para o cultivo dessas hortaliças. Abordaremos desde o preparo do solo até as etapas finais de colheita, proporcionando um guia completo para quem deseja alcançar resultados extraordinários.

Aprenda a selecionar as variedades mais adequadas, a preparar o solo e a aplicar os melhores métodos de adubação. Explore as técnicas de irrigação e manejo de pragas e doenças, assim como estratégias eficientes para garantir o controle de qualidade e a maximização da produção.

Desvendaremos os segredos para o sucesso do cultivo de alfaces, desde as delicadas folhas verde-escuras até as variedades crocantes e refrescantes variedades. E não podemos esquecer do pimentão, com sua cor vibrante e sabor marcante, que será explorado em detalhes, desde o plantio até o ponto perfeito de colheita.

Com este livro, queremos fornecer a você todas as ferramentas necessárias para se tornar um(a) cultivador(a) experiente e obter hortaliças de alta qualidade. Esteja começando do zero ou buscando aprimorar suas técnicas, "Planejamento para Cultivo de Hortaliças: Alface e Pimentão" será seu guia confiável e inspirador.

Preparado(a) para se tornar um(a) mestre no cultivo de alface e pimentão? Vamos mergulhar neste universo fascinante e descobrir juntos os segredos para um cultivo bem-sucedido!

Prefácio

Ao folhear as páginas deste livro, você está prestes a adentrar um mundo de possibilidades e conhecimentos no fascinante campo do cultivo de hortaliças. É com grande prazer que apresentamos o prefácio de "Planejamento para Cultivo de Hortaliças: Alface e Pimentão".

A agricultura é uma das mais antigas e fundamentais atividades humanas, fornecendo alimento, saúde e sustento para a humanidade ao longo dos séculos. E, dentro desse vasto universo agrícola, o cultivo de hortaliças sempre desempenhou um papel essencial. Alfaces crocantes e pimentões vibrantes têm adornado nossas mesas, trazendo frescor e sabor às nossas refeições.

Este livro é um convite para explorar o potencial do cultivo de hortaliças em sua plenitude. Seja você um iniciante curioso ou um produtor experiente em busca de aperfeiçoamento, aqui você encontrará um guia abrangente e prático para o cultivo de alface e pimentão.

O diferencial deste livro é o enfoque no planejamento estratégico. Compreendemos que a chave para um cultivo de sucesso não reside apenas nas técnicas individuais, mas sim em um planejamento cuidadoso e bem estruturado. Assim, ao longo das páginas, você encontrará insights valiosos sobre o preparo do solo, a seleção das variedades mais adequadas, o manejo de pragas e doenças, a irrigação eficiente e muito mais.

Nosso objetivo é capacitar você a se tornar um(a) cultivador(a) consciente, capaz de enfrentar os desafios e aproveitar ao máximo as oportunidades que o cultivo de hortaliças oferece. Queremos que você se sinta confiante em sua capacidade de fornecer alimentos saudáveis e de qualidade para si mesmo(a) e para sua comunidade.

Ao longo desta jornada, você descobrirá que o cultivo de hortaliças vai além das técnicas agrícolas. É um processo de conexão com a natureza, de compreensão dos ciclos da vida e de respeito ao meio ambiente. É uma forma de cultivar não apenas alimentos, mas também valores como sustentabilidade, responsabilidade e gratidão.

Agradecemos por embarcar nessa aventura conosco. Desejamos que este livro seja uma fonte constante de inspiração e conhecimento, levando-o(a) a novos patamares de excelência no cultivo de alface e pimentão.

Que suas mãos sejam habilidosas, seu planejamento seja sólido e suas colheitas sejam abundantes. Que este livro seja seu companheiro confiável nessa jornada maravilhosa do cultivo de hortaliças.

Boa leitura e sucesso em suas plantações!

André Toledo

Sumário

Agradecimentos..2
Apresentação...5
Prefácio..7
Sumário..10
Fundamentos e Planejamento da Olericultura: Cultivando Sucesso na Produção de Hortaliças.....18
OLERICULTURA..21
    Importância da olericultura..................... 21
    Técnicas de cultivo................................. 23
        Cultivo em canteiros elevados........................26
        Cultivo em Estufa - Produzindo Hortaliças o Ano Todo..28
        Hidroponia - Cultivando Plantas sem Solo....... 33
    Espécies mais cultivadas........................37
        Tomate - Uma Jornada de Sabor e Nutrição.... 39
        Alface - A Maravilhosa Jornada Brasileira........ 43
        Cebola - Uma Fascinante Jornada................... 46
        Pimentão - A Fascinante História do Pimentão 49
        Desafios enfrentados pelos produtores............ 52
    Controle de pragas e doenças: técnicas e cuidados.. 55
    O Impacto do Clima na Produção de Hortaliças.....58
    Desafios e Oportunidades no Mercado de Hortaliças 62
    Gerenciando os Custos de Produção de Hortaliças... 66
        Impacto dos custos na rentabilidade................ 68

Classificação dos custos de produção..............69
Cálculo dos custos de produção......................70
Estratégias para redução de custos................ 70
Superando Desafios e Aproveitando Recursos e Tecnologia...73

AS PARTICULARIDADES DO CULTIVO DE HORTALIÇAS.. 79

O Ciclo de Cultivo Breve e a Diversidade de Plantios 81

Uso de áreas marginais...85

Utilização de Pequenas Áreas - Maximizando o Potencial do Solo..88

O Cultivo Intensivo de Hortaliças e o Desafio da Mão de Obra...91

Maximizando a Renda Bruta e Líquida por Unidade de Área... 95

Tipos de Cultivo de Hortaliças.................................. 99

Cultivo diversificado para fins comerciais............ 101

Cultivo Especializado para Fins Comerciais......... 103

Cultivo com Finalidade Industrial.......................... 106

Hortas sem fins comerciais: Cultivando alimentos saudáveis, promovendo a educação e a sustentabilidade.. 109

CLASSIFICAÇÃO DAS HORTALIÇAS......................111

CLASSIFICAÇÃO PELAS PARTES COMESTÍVEIS.. 113

Hortaliças Tuberosas - Tesouros Ocultos da Terra.. 113

Hortaliças Herbáceas - Delícias Suculentas Acima do Solo... 116

Hortaliças-Frutos: Uma Deliciosa Variedade de Sabores...................118
Classificação Baseada nas Famílias Botânicas... 123
    Família Liliaceae...................123
    Família Apiaceae...................126
    Família Brassicaceae...................130
    Família Cichoriaceae...................132
    Família Cucurbitáceas...................134
    Família Fabaceae...................137
    Família Solanaceae...................139
OUTROS CRITÉRIOS DE CLASSIFICAÇÃO......143
    Critério popular...................144
    Classificação pelas exigências climáticas......146

CONSIDERAÇÕES GERAIS SOBRE O PLANEJAMENTO PARA CULTIVO DE HORTALIÇAS.. 148
    O QUE PRODUZIR?................... 151
        Estratégias de Mercado para o Sucesso na Horticultura...................152
        Tecnologia disponível para cultivo de hortaliças... 155
        Viabilidade Econômica...................157
    QUANTO PRODUZIR?...................160
    QUANDO PRODUZIR?................... 162
    COMO PRODUZIR?................... 165
        Estratégias de Programação da Produção e Previsão de Mercado para a Produção de Hortaliças................... 165
        O Desenvolvimento das Hortaliças: Conhecendo as Bases Fundamentais para um Cultivo de

Sucesso.. 169
Manejo Cultural - Cultivando Hortaliças com Sabedoria..172
   Irrigação Adequada: A Chave para o Sucesso Hortícola.. 172
   Controle Fitossanitário: Prevenindo Pragas e Doenças.. 174
   Cultivos Múltiplos: Maximizando o Potencial Hortícola... 175
   Colheita e Pós-Colheita - Preservando a Qualidade das Hortaliças......................... 176
   Tecnologia de Produção de Sementes para Hortaliças... 178
   O Poder das Novas Tecnologias na Agricultura.. 181
   Escalonamento da Produção Agrícola - Maximizando os Recursos e Atendendo à Demanda... 184

Os Significados e a Importância do Planejamento..... 188

   A Importância do Levantamento de Dados para o Planejamento Hortícola..................................... 192
   Dados de Mercado para o Planejamento do Cultivo de Hortaliças.. 195
   Avaliando o Raio de Ação do Mercado..... 197
   Compreendendo os Hábitos de Consumo da População.. 199
   Considerando a distância entre a propriedade e o local de comercialização. 201
   Verificando a infraestrutura para escoamento da produção.. 204

Transporte..205
Armazenamento.....................................205
Distribuição.. 205
Infraestrutura de Comercialização Existente.. 206
Dados da Propriedade - Avaliando a Infraestrutura Física e as Condições Climáticas... 208
    Altitude..208
    Longitude e Latitude................................ 209
    A Importância da Localização Geográfica na Análise da Propriedade.............................210
    Área e Produção Existente - Compreendendo a Capacidade Produtiva 212
    Características do Solo............................213
        Tipos de Solo...................................... 214
        Declividade do Solo............................ 214
        Potencial Hídrico do Solo....................214
        Análises Laboratoriais do Solo............215
        Observações Visuais e Problemas de Drenagem e Erosão........................215
    Avaliação da Capacidade Operacional: Máquinas, Equipamentos, Veículos e Animais... 216
        Inventários Físicos e Registros Contábeis 216
        Avaliação da Capacidade Produtiva... 217
        Planejamento e Gestão Estratégica....218
        Registro e Avaliação da Infraestrutura Física...219

Meios de Comunicação na Propriedade Rural 221
    O Papel do Telefone na Comunicação Rural 221
    A Relevância do Rádio na Comunicação no Meio Rural 222
    O Papel da Internet na Comunicação Rural 223
    Condições Climáticas: Dados Essenciais para a Agricultura e o Manejo 225
    Mão de Obra e Nível de Escolaridade do Proprietário 227

Elaboração do Projeto: Planejando a Produção Agrícola Passo a Passo 232

  Planejamento e Estratégias para a Produção Escalonada de Alface em Cultivo Protegido 234
  Croqui do plantio da alface em estufa 237
  Tabela 1: Índices técnicos para produção de alface escalonada 240
  Organização e Acompanhamento de Atividades na Produção Agrícola 241
    Quadro 1 - Ficha de escalonamento para produção de alface 243
  Planejamento e Estratégias para a Produção Escalonada de Pimentão em Cultivo Protegido ... 244
    Planejamento do período de produção 244
    Duração da colheita em casa de vegetação ... 244
    Intervalo entre semeaduras 245
    Tamanho de cada área de plantio 246
    Número de áreas necessárias 246
    TABELA 2 - Dados técnicos sobre a cultura de

pimentão..248
Quadro 2 - Ficha de escalonamento para produção de pimentão....................................249
Elaboração de Orçamentos para Projetos Agrícolas.. 249
Planilhas para Construção de Casas de Vegetação.. 250
Casa de Vegetação para Produção de Mudas com Capacidade para 108 Bandejas..............251
Croqui de uma casa de vegetação para produção de mudas...253
Materiais necessários para confecção do orçamento de uma casa de vegetação para produção de mudas, com dimensões de 8,00 m de comprimento x 6,00 m de largura:..254
Casa de vegetação para produção de hortaliças (alface e pimentão), com área de 400,00 m² (10,00 m de largura x 40,00 m de comprimento):............256
Sistema de irrigação por gotejamento para oito casas de vegetação, com 400 m² (10,00 m x 40,00 m) cada:..258
Custeio para a cultura da Alface (1 casa de vegetação, ou seja, 2 áreas de plantio com 1.824 plantas cada):..259
Custeio para a cultura do Pimentão (1 casa de vegetação de 400,00 m²):.....................................262
Dimensionamento Hidráulico para Irrigação de Estufas...265
Figura 3 - Esboço ilustrativo do sistema de irrigação..266
Modelos de Planilhas de Custo para Hortaliças... 270
Depreciação das Bandejas de Mudas............270

Avaliação Individual dos Custos..................... 271
Custo por Unidade Comercializada................ 271
Apêndice..**272**
REFERÊNCIAS..**287**

Fundamentos e Planejamento da Olericultura: Cultivando Sucesso na Produção de Hortaliças

Nos últimos anos, o mercado brasileiro de hortaliças tem passado por grandes transformações. Com a concorrência cada vez mais acirrada, os produtores estão se esforçando para melhorar a qualidade e aumentar a produtividade de suas culturas, mantendo seus custos sob controle.

Mas antes de qualquer coisa, é importante entender o que é a olericultura e como ela se insere no contexto da fitotecnia. A olericultura é a ciência que estuda o cultivo de hortaliças e plantas aromáticas, sendo um ramo da agronomia que se dedica à produção de vegetais de interesse para o consumo humano.

Ao iniciar um empreendimento hortícola, é fundamental ter em mente que a produção de hortaliças é uma atividade complexa que envolve diversos aspectos, desde a escolha das espécies a serem cultivadas até a comercialização do produto final. Por isso, é importante se planejar e estar ciente dos fatores de produção necessários para obter sucesso nessa empreitada.

O primeiro passo é escolher quais espécies serão cultivadas. É importante levar em conta o mercado local e as condições climáticas da região, além das preferências dos consumidores. Em seguida, é necessário planejar a produção, definindo a quantidade de plantas que serão cultivadas e o período de plantio e colheita.

Um dos principais desafios da olericultura é garantir a qualidade do produto final. Para isso, é importante cuidar da fertilidade do solo e garantir a utilização de sementes de qualidade, além de adotar práticas de manejo adequadas para cada espécie cultivada. O controle de pragas e doenças também é essencial para garantir a sanidade das plantas.

Outro aspecto importante é a gestão correta dos fatores de produção, incluindo a terra, o capital e o trabalho. É preciso estar atento ao custo de produção e ao preço de venda das hortaliças, a fim de garantir a rentabilidade do negócio.

Em resumo, a olericultura é uma atividade desafiadora, mas que pode ser bastante rentável se for planejada e executada corretamente. Este livro tem como objetivo apresentar alguns conceitos básicos sobre a olericultura e destacar a importância de um planejamento adequado antes da implantação de um empreendimento de produção de hortaliças.

OLERICULTURA

A olericultura é uma disciplina agronômica dedicada ao cultivo de hortaliças, como verduras, legumes e frutas, utilizadas principalmente na alimentação humana. A palavra "olericultura" tem origem no latim, derivando de "Olus" e "Oleris", que significam "hortaliça", e "colere", que significa "cultivar". Como ramo da fitotecnia, a olericultura é um termo mais específico que se concentra no cultivo de hortaliças.

Importância da olericultura

A olericultura, também conhecida como produção de hortaliças, é uma atividade agrícola de extrema importância tanto do ponto de vista econômico quanto nutricional. As hortaliças desempenham um papel fundamental na alimentação saudável, uma vez que são fontes ricas em vitaminas, minerais e fibras. Seu consumo regular está associado à prevenção de diversas doenças crônicas não transmissíveis, incluindo diabetes, obesidade e doenças cardiovasculares.

No aspecto econômico, a olericultura desempenha um papel significativo na geração de renda para os produtores rurais, especialmente os pequenos agricultores. A produção de hortaliças é uma fonte de sustento para muitas famílias, contribuindo para o desenvolvimento das comunidades agrícolas [8]. Além disso, a olericultura proporciona oportunidades de emprego e fortalece a economia local.

As hortaliças cultivadas na olericultura incluem uma ampla variedade de vegetais, como alface, tomate, cenoura, brócolis, couve-flor, abobrinha, pimentão, entre outros. Esses alimentos desempenham um papel fundamental na diversificação da dieta e fornecem os nutrientes essenciais para uma alimentação equilibrada e saudável.

A olericultura também está relacionada à produção sustentável. Atualmente, há uma crescente preocupação com a utilização de agroquímicos e a busca por alimentos naturais e livres de substâncias nocivas. Nesse sentido, a olericultura tem se adaptado às demandas da sociedade, inserindo cada vez mais práticas de produção sustentáveis e livres de agroquímicos.

No Brasil, a olericultura desempenha um papel importante tanto social quanto industrialmente. A atividade é fundamental para garantir o abastecimento de alimentos saudáveis à população e contribui para a segurança alimentar do país. Além disso, a produção de hortaliças tem um impacto significativo na economia nacional, uma vez que o Brasil é um dos principais produtores e exportadores desses alimentos.

Em resumo, a olericultura desempenha um papel crucial tanto na promoção da saúde quanto no desenvolvimento econômico. Ao fornecer alimentos ricos em nutrientes essenciais, contribui para a prevenção de doenças e promove uma alimentação saudável. Além disso, a produção de hortaliças gera empregos, aumenta a renda dos agricultores e fortalece a economia local e nacional. Portanto, a olericultura é uma atividade agrícola de grande importância que beneficia tanto os indivíduos quanto a sociedade como um todo.

Técnicas de cultivo

No mundo da agricultura, as técnicas de cultivo desempenham um papel fundamental na obtenção de uma colheita saudável e abundante. Neste capítulo, vamos explorar diferentes aspectos das técnicas de cultivo e como elas contribuem para o sucesso de um cultivo. Vamos mergulhar nas informações fornecidas pelos resultados de pesquisas e explorar o fascinante mundo das técnicas agrícolas.

As técnicas de cultivo referem-se às diversas práticas e procedimentos que são planejados e executados ao longo de todo o ciclo de cultivo, com o objetivo de obter uma colheita maior e de melhor qualidade na horta. É crucial compreender as etapas preliminares, como as técnicas de semeadura e as de preparação do solo, para garantir uma base sólida para o cultivo e também o final do processo que hoje não se resume somente a venda mas também inclui o marketing de redes sociais e até o desenvolvimento de aplicativos para conectar o cliente diretamente ao produtor melhorando os ganhos e garantindo uma venda direta.

Existem várias formas de cultivo na prática da olericultura, cada uma com suas próprias características e benefícios específicos. Entre essas técnicas estão o cultivo em canteiros elevados, cultivo em estufa, cultivo em hidroponia e entre outros. Cada uma delas busca atender a diferentes objetivos, seja maximizar a produtividade, melhorar a qualidade do produto ou conservar o solo. Conhecer as diversas formas de benefícios proporcionados por essas técnicas é fundamental para o sucesso do cultivo.

Na olericultura, o uso de técnicas e conhecimentos é essencial para otimizar o crescimento e a produção das plantas, ao mesmo tempo em que se adapta o ambiente às necessidades dos cultivos. O homem desempenha um papel fundamental ao aplicar essas técnicas e conhecimentos sobre o solo e as plantas, visando obter uma colheita abundante e de qualidade.

Além disso, é crucial considerar a agroecologia e a produção orgânica, além da agricultura convencional, pois as técnicas de conservação de solo e controle de pragas sem uso de agrotóxicos desempenham um papel fundamental nesses sistemas. Práticas como rotação de culturas, plantio direto e uso de adubos orgânicos são essenciais para preservar a saúde do solo e obter uma produção de qualidade. Na produção orgânica, o controle de pragas e doenças é realizado de forma natural, por meio da introdução de predadores e uso de plantas repelentes, promovendo a proteção das plantas e a biodiversidade. É necessário reconhecer a importância dessas técnicas para alcançar a produção de alimentos saudáveis e sustentáveis, incentivando a pesquisa e o aprimoramento contínuo dessas práticas.

Para os amantes da jardinagem e do cultivo de flores, existem técnicas específicas que podem ser utilizadas para garantir que as plantas floresçam e se desenvolvam adequadamente. No Brasil, há uma diversidade de espécies nacionais e internacionais que se adaptam facilmente ao clima local e requerem poucas técnicas de cuidado. Essas técnicas podem incluir cuidados com a rega, adubação, poda e manejo adequado das flores.

Conforme exploramos essas diferentes facetas das técnicas de cultivo, fica evidente que elas desempenham um papel crucial na obtenção de uma colheita abundante e saudável. Seja na agricultura convencional, na agroecologia ou na jardinagem, o conhecimento e a aplicação adequada dessas técnicas são essenciais para alcançar resultados positivos.

Cultivo em canteiros elevados

Agricultores enfrentam muitos desafios ao cultivar hortaliças, incluindo problemas de umidade e drenagem. A técnica de cultivo em canteiros elevados tem sido usada para enfrentar esses desafios, oferecendo uma solução eficaz para cultivar plantas em condições difíceis.

Os canteiros elevados são construídos com terra e compostagem, criando um ambiente ideal para o crescimento das plantas. O solo é elevado e compactado, evitando o acúmulo de água. Além disso, a compostagem adiciona nutrientes importantes ao solo, melhorando a qualidade e a produtividade das hortaliças.

A técnica de canteiros elevados também é uma excelente maneira de maximizar o espaço em áreas limitadas. Ao cultivar em canteiros elevados, é possível obter uma maior densidade de plantas em uma pequena área. Isso significa que mais hortaliças podem ser cultivadas em um espaço menor, aumentando a produção e a eficiência.

Além disso, os canteiros elevados oferecem uma série de outras vantagens. Eles são mais fáceis de acessar e cuidar, pois estão em uma altura confortável para trabalhar. Isso é especialmente útil para pessoas com mobilidade limitada ou para quem quer minimizar a tensão nas costas e nos joelhos. A altura elevada também protege as hortaliças de pragas e doenças, evitando que elas entrem em contato direto com o solo.

Os canteiros elevados também oferecem a flexibilidade de cultivar uma grande variedade de plantas em um espaço limitado. É possível cultivar diferentes tipos de hortaliças, ervas e flores, criando um jardim diversificado e belo. Além disso, os canteiros elevados podem ser usados em áreas urbanas, em pequenos quintais, terraços ou varandas, proporcionando uma fonte de alimento fresco para as pessoas que vivem em ambientes urbanos.

Para construir um canteiro elevado, são necessários alguns materiais e um pouco de planejamento. A primeira etapa é escolher um local adequado, com acesso à luz solar e água. Em seguida, é preciso escolher o tamanho e a altura do canteiro, de acordo com as necessidades das plantas que serão cultivadas. É importante escolher materiais duráveis, como madeira, pedra ou tijolos, para construir as paredes do canteiro.

Depois de construído, é necessário preparar o solo, adicionando camadas de terra e compostagem. É importante escolher uma mistura de solo com boa drenagem e alta qualidade, para garantir que as plantas tenham os nutrientes necessários para crescer. Ao adicionar a compostagem, é possível fornecer nutrientes adicionais e melhorar a qualidade do solo.

Cultivo em Estufa - Produzindo Hortaliças o Ano Todo

A prática da agricultura em estufas tem sido amplamente adotada como uma técnica versátil para o cultivo de hortaliças. Embora originalmente tenha sido desenvolvida para climas frios e para permitir o cultivo fora da estação regular, atualmente é utilizada em diversas condições climáticas, com o intuito de mitigar os efeitos do ambiente e maximizar a produtividade. As estufas funcionam como estruturas fechadas que proporcionam um ambiente controlado, permitindo aos agricultores um maior domínio sobre os fatores de cultivo, como temperatura, umidade e exposição à luz solar. Essa abordagem proporciona um cenário propício para o desenvolvimento de técnicas agrícolas avançadas e uma produção mais eficiente.

O cultivo em estufa oferece inúmeras vantagens, destacando-se a capacidade de produzir hortaliças durante todo o ano, independentemente das flutuações climáticas. Em regiões com estações outonais e invernais bem definidas, como é o caso do sul do país, onde as temperaturas caem consideravelmente, as estufas viabilizam o cultivo contínuo, garantindo uma temperatura interna adequada. Já em outras regiões, as estufas desempenham um papel protetor, resguardando as plantações da chuva, granizo, umidade excessiva durante a noite, insetos e da exposição solar excessiva. Isso reduz significativamente a ocorrência de fungos, pragas, danos às folhas e desidratação, que afetam negativamente a produtividade e a qualidade final dos produtos. Portanto, ao optar pelo cultivo em estufa, os agricultores asseguram um ambiente controlado e propício ao desenvolvimento saudável das hortaliças, resultando em colheitas mais abundantes e produtos finais de excelência.

Para obter resultados satisfatórios no cultivo de hortaliças em estufa, é importante seguir algumas regras básicas. Primeiramente, é essencial manter a temperatura da estufa entre 18°C e 25°C. Essa faixa de temperatura é ideal para o crescimento saudável das plantas e o desenvolvimento adequado dos frutos.

Além disso, é necessário manter a umidade relativa dentro da faixa de 50% a 70%. A umidade adequada contribui para o desenvolvimento das plantas e ajuda a prevenir problemas como o ressecamento excessivo ou o surgimento de doenças causadas pelo excesso de umidade.

Outro aspecto importante é garantir a iluminação adequada. As hortaliças precisam de luz solar para realizar a fotossíntese e crescer de forma saudável. Portanto, é necessário posicionar as estufas de maneira que recebam a quantidade adequada de luz solar durante o dia. Em alguns casos, pode ser necessário utilizar sistemas de iluminação artificial para complementar a luz solar, especialmente em períodos de menor luminosidade.

Além desses cuidados com as condições ambientais, é essencial fornecer os nutrientes adequados para o cultivo das hortaliças em estufa. A aplicação de fertilizantes é uma prática comum nesse tipo de cultivo, pois ajuda a suprir as necessidades nutricionais das plantas e a manter seu desenvolvimento saudável.

Para iniciar o cultivo em estufa, o processo de semear as sementes é relativamente simples. Basta colocar até três sementes em cada cova, a uma profundidade de cerca de 1,5 cm. É importante certificar-se de deixar espaços suficientes entre cada cova para o desenvolvimento das plantas. Após semear as sementes, é necessário regar adequadamente. No caso de cultivo em vasos, o processo é semelhante, com a ressalva de que os vasos devem ser utilizados em vez de covas.

Além desses aspectos técnicos, existem outras considerações importantes para o cultivo em estufa. A escolha do local adequado para a instalação da estufa é essencial. Deve-se levar em conta a disponibilidade de luz solar, a drenagem do terreno e a facilidade de acesso para a manutenção e colheita das hortaliças.

Outro ponto relevante é a utilização de ferramentas e equipamentos apropriados. Isso inclui desde os utensílios básicos de jardinagem até equipamentos mais avançados, como sistemas de controle de temperatura e irrigação automática. A escolha dos materiais para a construção da estufa também é importante, podendo ser feita com madeira, PVC flexível, ou uma combinação de materiais como madeira e aço.

Durante o cultivo em estufa, é necessário realizar tratos culturais adequados, como a adubação, o controle de pragas e doenças, a poda e a colheita no momento correto. O espaçamento entre as plantas também deve ser considerado, garantindo que cada uma tenha espaço suficiente para crescer e receber a quantidade adequada de luz e nutrientes.

Para o controle fitossanitário, podem ser utilizados diferentes métodos, como o extrato de folha de nim, calda de fumo, calda de fumo com pimenta e preparados com sabão. Essas soluções ajudam a combater pragas e doenças de forma mais natural e sustentável.

Em resumo, o cultivo em estufa oferece inúmeras vantagens para a produção de hortaliças, permitindo o cultivo o ano todo, independentemente das variações climáticas externas. Seguir as regras básicas, como controlar a temperatura, a umidade e a iluminação, além de fornecer os nutrientes adequados, contribui para o sucesso desse tipo de cultivo. Com as práticas corretas, o cultivo em estufa pode resultar em uma produção de hortaliças saudáveis e de alta qualidade, atendendo às demandas dos consumidores.

Hidroponia - Cultivando Plantas sem Solo

Na agricultura moderna, surgem constantemente técnicas inovadoras que nos permitem explorar o potencial das plantas de maneiras cada vez mais eficientes. Uma dessas técnicas é o cultivo em hidroponia, que oferece uma abordagem revolucionária ao tradicional cultivo no solo.

A hidroponia é um método de cultivo que envolve o crescimento de plantas em água, em vez de solo. Nesse sistema, os nutrientes necessários para o crescimento das plantas são dissolvidos em água e fornecidos diretamente às raízes. Ao eliminar o solo, a hidroponia oferece uma série de vantagens significativas.

Em primeiro lugar, a hidroponia permite um controle preciso das condições de crescimento. Ao ajustar cuidadosamente a composição da solução nutritiva, podemos garantir que as plantas recebam exatamente os nutrientes de que precisam. Isso evita a subnutrição ou o excesso de nutrientes, levando a um crescimento saudável e vigoroso das plantas. Imagine um jardim suspenso, onde cada planta recebe a quantidade ideal de água e nutrientes para prosperar, sem competir por recursos com as plantas vizinhas.

Além disso, a hidroponia reduz significativamente a necessidade de água. Ao contrário do cultivo no solo, em que a maior parte da água é absorvida pelo solo ou evaporada, no sistema hidropônico a água é recirculada e reutilizada. Isso não apenas economiza água, mas também evita o desperdício de nutrientes, uma vez que estes são recuperados e reaproveitados no sistema. Pense em um fluxo constante de água, percorrendo as raízes das plantas, levando consigo os nutrientes essenciais e retornando, de maneira sustentável, para ser usado novamente.

Outro aspecto interessante da hidroponia é a eliminação de problemas relacionados ao solo, como pragas e doenças. Como as plantas são cultivadas em água, há uma menor probabilidade de contaminação por patógenos do solo. Além disso, a falta de solo dificulta a sobrevivência de pragas e ervas daninhas. Em vez de gastar energia lutando contra esses problemas, as plantas podem canalizar sua energia para o crescimento e desenvolvimento saudáveis. É como se estivessem em um ambiente protegido, onde têm menos preocupações e mais tempo para florescer.

A hidroponia também oferece a possibilidade de cultivar plantas em locais onde o solo é impróprio para o cultivo tradicional. Pense em áreas urbanas densamente povoadas, onde o espaço é limitado e o solo está contaminado. Com a hidroponia, é possível criar jardins verticais ou estufas em telhados, varandas ou mesmo dentro de prédios. Dessa forma, podemos trazer a natureza de volta às cidades, transformando espaços urbanos em oásis de vegetação e frescor.

Por fim, mas não menos importante, a hidroponia oferece uma produtividade excepcionalmente alta. Ao fornecer às plantas todos os nutrientes de que precisam de forma direta e precisa, sem a necessidade de competir com outras plantas por recursos limitados no solo, o crescimento e o rendimento das colheitas são otimizados. Imagine uma estufa hidropônica, com fileiras de plantas saudáveis e exuberantes, produzindo uma abundância de vegetais frescos e nutritivos, em um ritmo constante ao longo do ano.

Esses benefícios tornam o cultivo em hidroponia uma técnica altamente eficiente e promissora para a agricultura do futuro. Não apenas oferece uma resposta aos desafios do crescimento populacional e da escassez de recursos, mas também apresenta uma abordagem sustentável e ecologicamente correta para a produção de alimentos.

No entanto, é importante mencionar que a hidroponia também requer um conhecimento especializado e investimento inicial significativo. O controle cuidadoso da composição da solução nutritiva, a manutenção adequada do sistema de recirculação da água, a iluminação adequada e a monitorização constante das condições ambientais são essenciais para o sucesso do cultivo hidropônico. Portanto, é fundamental que os produtores estejam devidamente capacitados e preparados para implementar e gerenciar esse sistema de cultivo.

Em resumo, o cultivo em hidroponia oferece uma abordagem revolucionária para o cultivo de plantas, proporcionando um controle completo das condições de crescimento. Ao eliminar o solo, essa técnica oferece benefícios como controle preciso dos nutrientes, economia de água, redução de problemas relacionados ao solo, possibilidade de cultivo em locais impróprios e alta produtividade. Embora exija conhecimento especializado e investimento inicial, a hidroponia apresenta uma solução promissora e sustentável para a agricultura do futuro.

Compreender a importância e o potencial da hidroponia é essencial para explorar plenamente os benefícios dessa técnica inovadora. Ao integrar os princípios da hidroponia em nossos sistemas agrícolas, podemos criar um futuro onde a produção de alimentos seja eficiente, sustentável e capaz de suprir as necessidades crescentes da humanidade.

Espécies mais cultivadas

No vasto mundo das hortaliças, um verdadeiro desfile de cores, sabores e aromas nos aguarda. Cada espécie possui suas peculiaridades, suas histórias e seus encantos. No entanto, algumas delas conseguem conquistar corações e paladares ao redor do globo, tornando-se verdadeiras estrelas nos campos de cultivo.

Começamos nossa jornada gastronômica com o humilde tomate, uma das hortaliças mais versáteis e amadas em todo o mundo. Originário da América Central, o tomate conquistou o paladar de diferentes culturas e se espalhou por todos os continentes. Sua polpa suculenta e sabor adocicado são perfeitas para molhos, saladas e até mesmo para serem consumidos in natura. Além disso, o tomate é uma excelente fonte de vitaminas, minerais e antioxidantes, conferindo benefícios à saúde e uma explosão de sabor em cada mordida.

Outra estrela do reino das hortaliças é a batata. Originária dos Andes, na América do Sul, a batata ganhou o mundo e se tornou um dos alimentos mais consumidos e cultivados globalmente. Sua versatilidade na culinária é incomparável, podendo ser frita, cozida, assada, transformada em purê e até mesmo em deliciosos salgados como os famosos french fries. Além de seu sabor único, a batata é rica em carboidratos, vitaminas e minerais essenciais, fornecendo energia e nutrientes para o organismo.

Não poderíamos deixar de mencionar a cebola, um ingrediente fundamental na culinária de praticamente todas as culturas. Com sua natureza bulbosa e camadas que se desfazem em sabores marcantes, a cebola adiciona um toque de profundidade e aroma a qualquer prato. Seja refogada, caramelizada ou consumida crua, a cebola é um ingrediente versátil e essencial em sopas, guisados, molhos e saladas. Além disso, esse poderoso vegetal contém compostos antioxidantes que auxiliam na prevenção de doenças e promovem a saúde em geral.

E o que dizer da cenoura, essa maravilha de cor viva e sabor adocicado? Originária do Afeganistão, a cenoura conquistou o mundo com sua textura crocante e benefícios nutricionais. Rica em vitamina A, fibras e antioxidantes, a cenoura fortalece a visão, auxilia na saúde da pele e contribui para o bom funcionamento do sistema imunológico. Além de ser um petisco saudável, a cenoura pode ser usada em sopas, saladas, sucos e até mesmo em bolos, trazendo cor e sabor aos pratos.

Por último, mas não menos importante, temos o pepino, uma hortaliça refrescante e versátil. Com sua textura crocante e sabor suave, o pepino é um excelente ingrediente para refrescar e adicionar um toque especial aos pratos. É amplamente utilizado em saladas, sanduíches e até mesmo como base para bebidas refrescantes, como o famoso suco de pepino. Além de seu perfil refrescante, o pepino é composto principalmente por água, tornando-se uma ótima opção para manter a hidratação do corpo.

Embora essas espécies de hortaliças sejam algumas das mais populares e cultivadas em todo o mundo, é importante lembrar que a diversidade é uma característica fundamental quando se trata de alimentação saudável e rica em nutrientes. Existem inúmeras outras espécies de hortaliças igualmente nutritivas e saborosas, como alface, espinafre, abobrinha, berinjela, pimentão e muitas outras, cada uma com suas particularidades e benefícios únicos.

Tomate - Uma Jornada de Sabor e Nutrição

Ao longo dos séculos, o tomate (Lycopersicon esculentum Mill.) conquistou um lugar de destaque nos campos e mesas de todo o mundo. Com uma produção global que alcançou a impressionante marca de aproximadamente 105 milhões de toneladas de frutos frescos em 2001, cultivados em uma área estimada de 3,9 milhões de hectares, o tomate se tornou um dos legumes mais importantes para a humanidade.

Com um ciclo de cultivo relativamente curto e altos rendimentos, o tomate apresenta perspectivas econômicas promissoras, levando a um aumento contínuo da área cultivada a cada dia que passa. Pertencente à família das Solanáceas, o tomate compartilha seu parentesco com outras espécies conhecidas, como a batata, o tabaco, os pimentões e a berinjela. Embora sua origem remete à região andina da América do Sul, foi no México que o tomate foi domesticado e, posteriormente, introduzido na Europa em 1544. Desde então, sua disseminação se estendeu pela Ásia meridional e oriental, África e Oriente Médio. Mais recentemente, o tomate silvestre tem encontrado seu caminho em outras partes da América do Sul e do México.

O tomate é conhecido por diversos nomes ao redor do mundo. Em português, espanhol e francês, é chamado de tomate. Na Indonésia, é conhecido como tomat, enquanto em chinês é chamado de faan ke'e. No oeste da África, é chamado de tomati, e na língua náuatle é conhecido como tomatl. No México, é chamado de jitomate, na Itália é chamado de pomodoro, e em suaíli é chamado de nyanya.

Além de seu sabor irresistível, o consumo dos frutos do tomate contribui para uma dieta saudável e equilibrada. Eles são ricos em minerais, vitaminas, aminoácidos essenciais, açúcares e fibras dietéticas. O tomate contém altas quantidades de vitaminas B e C, ferro e fósforo. Os frutos podem ser consumidos frescos em saladas ou cozidos em molhos, sopas, carnes e pratos de peixe. Eles também podem ser processados em purês, sucos e molhos, como o famoso ketchup de tomate. Os frutos enlatados e secos também desempenham um papel importante na indústria de alimentos processados.

É interessante observar que o tomate amarelo possui um teor mais alto de vitamina A em comparação com o tomate vermelho, enquanto este último contém licopeno, um antioxidante que pode contribuir para a proteção contra substâncias carcinogênicas.

O tomate é uma espécie vegetal de ciclo anual que pode atingir alturas superiores a dois metros. É interessante notar que, na América do Sul, é possível obter frutos das mesmas plantas por vários anos consecutivos. A primeira colheita pode ser realizada em um período de 45 a 55 dias após a floração, ou entre 90 e 120 dias após o plantio das sementes. A forma dos frutos varia de acordo com a cultivar (variedade cultivada) e sua coloração pode variar entre tons de amarelo e vermelho.

No mundo do tomate, existem dois tipos principais de tomateiro: o tipo alto ou indeterminado, que cresce verticalmente e precisa de suporte, e o tipo arbustivo ou determinado, que tem um crescimento mais compacto e não requer suporte. Além desses, há também as variedades de tomate de porte semi-determinado, que apresentam características intermediárias entre os dois tipos mencionados.

As variedades altas (indeterminadas) são mais adequadas para cultivos com um período de colheita prolongado, pois continuam a se desenvolver após a floração. Essa característica é conhecida como "indeterminada". Sob condições tropicais, o desenvolvimento pode ser interrompido devido a doenças e ataques de insetos, mas as plantas geralmente apresentam uma folhagem exuberante. Isso reduz a temperatura dentro do cultivo, e os frutos crescem protegidos pelas folhas. Essa sombra natural evita danos causados pela luz solar direta, permitindo que os frutos amadureçam lentamente. Esse amadurecimento mais lento e uma maior proporção de folhas em relação aos frutos melhoram o sabor e aumentam a doçura. Os tomateiros altos precisam ser conduzidos por estacas ou suportes, como treliças e caramanchões.

Já os tipos arbustivos são autossustentáveis e não requerem estacas. Em condições climáticas adversas, como tufões, pode ser necessário amarrar as plantas para evitar que sejam danificadas. Os tomateiros determinados apresentam um período de frutificação relativamente concentrado, geralmente durante apenas duas ou três semanas. Seus frutos amadurecem mais rapidamente do que os dos tipos indeterminados, e seu cultivo requer menos mão de obra, tornando-os comuns em plantações comerciais.

O cultivo do tomate oferece várias vantagens:

- Trata-se de uma cultura de legumes com um ciclo relativamente curto.

- Pode ser cultivado em períodos curtos ou prolongados, de acordo com a preferência do agricultor.
- Pode ser cultivado em campos abertos ou em estufas.
- Adapta-se bem a diferentes sistemas de cultivo.
- Possui um alto valor econômico.
- Apresenta um teor elevado de micronutrientes.
- Os frutos podem ser processados, secos e enlatados.

Alface - A Maravilhosa Jornada Brasileira

A alface, cientificamente conhecida como Lactuca sativa L., é uma hortaliça folhosa delicada e sensível às condições climáticas, como temperatura, luminosidade e concentração de dióxido de carbono. Originária da região do Mediterrâneo, a alface foi introduzida no Brasil pelos portugueses no século XVI, durante o período de colonização. Desde então, essa planta versátil e saborosa tem conquistado seu espaço na culinária brasileira, sendo amplamente consumida e apreciada.

Pertencente à família Asteraceae, a alface é caracterizada por suas folhas presas a um pequeno caule. Suas folhas apresentam uma ampla variedade de cores, que vão desde tons diversos de verde até o roxo, conferindo um espetáculo visual ao prato.

No Brasil, as alfaces são classificadas em seis grupos de acordo com o tipo de folha: alface repolhuda manteiga, alface repolhuda-crespa (americana), solta lisa, solta crespa, mimosa e romana. Dentre todas essas variedades, a alface crespa da variedade Verônica é a preferida e mais consumida, representando aproximadamente 70% do mercado. Suas folhas crespas e a ausência de formação de cabeça tornam o manuseio e o transporte dessa variedade mais fáceis.

Uma das vantagens da produção de alface é o seu ciclo curto, que varia de 45 a 60 dias, permitindo que seja cultivada durante todo o ano, proporcionando um rápido retorno de capital para os produtores. Até o final da década de setenta, o cultivo de alface no Brasil era restrito às regiões de clima temperado. No entanto, com o desenvolvimento de variedades mais resistentes ao calor, atualmente a alface é cultivada em larga escala em todo o território brasileiro, especialmente nas proximidades das grandes metrópoles, como Curitiba, Belo Horizonte, São Paulo e Brasília.

Além de ser uma adição saborosa a saladas e sanduíches, a alface possui propriedades benéficas à saúde. Ela é diurética, depurativa e pode ser utilizada como auxiliar contra a insônia. A alface se destaca por seu conteúdo de vitaminas A, C e minerais, contribuindo para uma alimentação equilibrada e nutritiva.

No Estado de São Paulo, um dos principais polos de produção agrícola do Brasil, a alface ocupa uma área significativa de cultivo. De acordo com o IEA/CATI em 2011, a alface foi cultivada em uma área de 10.324 hectares, alcançando uma produtividade média de 19,7 toneladas por hectare. Diversas cultivares são utilizadas para o cultivo em diferentes épocas do ano, como as variedades Lidia, Elisa, Regiane, Karla, Stella, Regina 500, Inês, Marcela, Vanda, Veneranda, Thaís, Solaris, Amanda, Vera, Gizelle, Brida, Marianne, Melissa, Camila, Ceres, Lucy Brown, Laurel, Angelina, Gloriosa, Irene, Teresa, Raider Plus, Graciosa, Silvana, Maisa, Lavinia, Salad Bowl, Bolinha, Green Ball, Sophia, Romana Balão, Maira, Mila, Scarlet, Pira Roxa, Roxane, Red Star, Carmoli, e muitas outras cultivares[3].

Quanto ao clima e solo ideais para o cultivo de alface, temperaturas entre 15°C e 20°C são consideradas mais adequadas. Para o cultivo no verão, recomenda-se utilizar cultivares com pendoamento mais lento, já que as altas temperaturas podem afetar o desenvolvimento da planta. A alface prefere solos de textura média, mas também pode ser cultivada em solos de textura arenosa e argilosa.

No Planalto Paulista, é possível realizar o cultivo de alface ao longo de todo o ano. No entanto, durante os meses de dezembro, janeiro e fevereiro, devido às altas temperaturas e chuvas intensas, o cultivo pode ser mais desafiador. Nesse período e em regiões com chuvas intensas, o uso de sistemas de cultivo protegido, como estufas agrícolas, pode ser uma excelente opção em comparação ao cultivo tradicional ao ar livre.

A alface é verdadeiramente uma das hortaliças mais versáteis e populares no Brasil. Sua jornada desde o Mediterrâneo até nossas mesas é repleta de história e adaptação. Com suas diferentes variedades, cores vibrantes e valor nutricional, a alface conquista os paladares dos brasileiros e se estabelece como um componente essencial em refeições saudáveis e saborosas.

Cebola - Uma Fascinante Jornada

A cebola, originária da Ásia, tem uma história milenar que remonta a mais de 1000 anos. Essa planta herbácea, que pertence à família Alliaceae, é cultivada em uma região que inclui o Paquistão, o Afeganistão e o Irã. Seu ciclo de vida varia de anual, quando é cultivada para a produção de bulbos, a bienal, quando é cultivada para a produção de sementes.

O bulbo tunicado da cebola é a parte comercialmente valorizada, amplamente utilizada como condimento tanto in natura quanto em produtos industrializados. Suas folhas são eretas e tubulares, com comprimento variando entre 40 e 80 cm. As raízes da cebola concentram-se principalmente nos primeiros 20 a 30 cm do solo, embora possam alcançar profundidades de 40 a 60 cm.

A cebola é capaz de produzir sementes pequenas, com uma média de 280 a 320 sementes por grama. Além de seu valor culinário, essa planta oferece benefícios para a saúde. Ela é considerada um estimulante geral, digestiva e diurética, além de tonificar os rins e o fígado. A cebola também é indicada como auxiliar no tratamento de resfriados e reumatismos.

A bulbificação da cebola é influenciada por dois fatores cruciais: o fotoperíodo e a temperatura. Esses elementos desempenham papéis significativos, sendo o fotoperíodo especialmente relevante. O termo "fotoperíodo" refere-se à duração da luz e escuridão em um dia. A cebola é sensível a essas variações e inicia a formação dos bulbos quando exposta a um fotoperíodo específico.

No que se refere à temperatura, a cebola prefere climas temperados ou subtropicais, nos quais as temperaturas são moderadas, sem extremos. Essas condições são ideais para o desenvolvimento saudável da planta. No entanto, é importante ressaltar que a cebola é capaz de tolerar geadas leves, o que a torna adaptável a regiões com invernos mais amenos.

Por outro lado, a cebola não suporta solos encharcados. O excesso de água pode causar o apodrecimento das raízes e dos bulbos, prejudicando o crescimento saudável da planta. Portanto, é essencial proporcionar uma drenagem adequada no cultivo da cebola, permitindo que o solo fique úmido, mas não encharcado.

Esses fatores ambientais são fundamentais para o sucesso no cultivo da cebola. Os agricultores devem estar atentos às condições de luz, temperatura e umidade do solo, garantindo que essas necessidades sejam atendidas para obter uma produção de alta qualidade. Ao compreender as preferências da cebola em relação ao fotoperíodo, temperatura e umidade do solo, os agricultores podem ajustar o ambiente de cultivo e oferecer as condições ideais para o desenvolvimento saudável da planta e a formação de bulbos saborosos.

No estado de São Paulo, a cebola ocupou uma área de 6.322 hectares em 2011, de acordo com o IEA/CATI, com uma produtividade média de 33,9 toneladas por hectare. Entre as cultivares mais utilizadas estão aquelas de dias curtos, que são menos exigentes em relação ao fotoperíodo, iniciando o processo de bulbificação com 10 a 11 horas de luz. Essas cultivares são precoces, com ciclos variando de 120 a 150 dias. Predominam as cultivares de "pele" clara e baixa pungência, ou seja, cebolas suaves e pouco picantes.

Alguns exemplos de cultivares amplamente utilizadas incluem Takii: Superex e Express; Top Seed: Optima, Aquarius, Sirius, Soberana e Goiana; Seminis: Imperatriz, Shinju, Akamaru, Princesa e Mercedes;

Nunhems: Luana, 1205 Vulcana e Atacama; Enza Zaden: Regente, Predator, Diandra e Cristalina; Agrocinco: Koda, Azteca e Irati; Bejo: Pirate e Maragogi; Sakata: Bella Vista, Bella Dura e Bella Catarina; Hortec: Vitoria, Boreal e Primavera; Tecnoseed: Malta.

Em anos recentes, tem-se observado a utilização das mesmas cebolas híbridas usadas para os sistemas de semeadura direta e transplante também no sistema de bulbinhos e semeadura em bandejas de 288 células.

A cebola é realmente uma planta fascinante, que conquistou o paladar e o coração de inúmeras culturas ao longo da história. Seu sabor único e suas propriedades benéficas para a saúde fazem dela um ingrediente indispensável na culinária e na medicina. Sua jornada, desde as terras distantes da Ásia até os campos de São Paulo, é uma prova do quão essencial ela se tornou na vida das pessoas. Que continuemos a apreciar e desfrutar dos muitos sabores e benefícios que a cebola nos proporciona.

Pimentão - A Fascinante História do Pimentão

O pimento, também conhecido como pimentão em algumas regiões, é um fruto extremamente versátil e saboroso, amplamente utilizado na gastronomia em todo o mundo. Sua origem remonta às Américas, mais precisamente à região tropical e subtropical do continente americano, estendendo-se do sul dos Estados Unidos ao norte do Chile. Foi nesse ambiente propício que essa espécie encontrou um nicho ecológico favorável para seu desenvolvimento e domesticação. Além disso, há indícios de que o berço original do pimento possa estar localizado na região central do México, com uma possível influência secundária na região da Guatemala. Não podemos descartar a possibilidade de que o pimento tenha sido levado para a América do Sul durante o período pré-colombiano.

Curiosamente, séculos antes da colonização pelos espanhóis, tanto o pimentão quanto a pimenta já eram consumidos pelos indígenas das Américas. Estudos arqueológicos revelaram que esses frutos eram utilizados na culinária desde o período neolítico, juntamente com o tomate. Evidências mostram que os indígenas usavam um tipo de almofariz e pistilo, chamado de molcajete em espanhol, para triturar os frutos e preparar molhos deliciosos.

Com a chegada dos exploradores espanhóis ao Novo Mundo, o pimentão despertou grande interesse e foi levado de volta à Europa como uma das poucas espécies vegetais. Foi a partir de 1493 que a cultura do pimentão encontrou seu caminho até a Espanha, espalhando-se rapidamente por outros países europeus, asiáticos e africanos. O século XVII e o XVIII foram períodos cruciais para o pimentão, pois foi nessa época que ele começou a chamar a atenção dos estrangeiros que transitavam pela Espanha. Na Itália, apesar de não ter alcançado o mesmo nível de sucesso que o tomate, o pimentão passou a ser apreciado, principalmente por sua utilização na preparação da peperonata, um prato típico italiano. Vale ressaltar que, em alguns países, como a Alemanha, sua popularidade só se estabeleceu no século XX, revelando sua trajetória diversa ao longo do tempo. No Brasil, o pimentão foi introduzido em 1920, na região de Mogi das Cruzes, e logo conquistou o paladar dos brasileiros, espalhando-se por todo o país.

Atualmente, o pimentão é cultivado em larga escala em todo o mundo, e alguns países se destacam como os maiores produtores. Entre eles, estão a Índia, China, México, Turquia, Estados Unidos, Nigéria, Indonésia, Egito, Coréia e Itália. Sua popularidade se deve à sua versatilidade culinária, uma vez que pode ser consumido cru, grelhado, assado, recheado e utilizado em uma variedade de pratos, conferindo sabor e cor vibrantes.

O pimentão não apenas acrescenta um toque especial aos pratos, mas também traz benefícios à saúde. Rico em vitaminas A e C, além de antioxidantes, o consumo regular de pimentão pode fortalecer o sistema imunológico e ajudar na prevenção de doenças.

A história do pimentão é uma prova de como um simples fruto pode atravessar fronteiras geográficas e culturais, conquistando o paladar e o coração de pessoas ao redor do mundo. Sua trajetória desde as Américas até se tornar um ingrediente essencial em diversas cozinhas é uma verdadeira jornada de sucesso.

Desafios enfrentados pelos produtores

Os produtores de hortaliças enfrentam diversos desafios em sua atividade. Alguns dos principais desafios incluem controle de pragas e doenças, clima, mercado, custos de produção e acesso a recursos e tecnologia. Neste capítulo, mergulharemos no fascinante e intrincado mundo dos produtores de hortaliças, explorando os desafios que eles enfrentam diariamente e como eles os superam com criatividade e determinação.

Seja em grandes fazendas ou pequenos cultivos familiares, os produtores de hortaliças enfrentam uma batalha constante contra pragas e doenças que ameaçam suas plantações. O controle efetivo desses intrusos indesejados é essencial para garantir a saúde das plantas e a qualidade dos produtos finais. No entanto, o uso excessivo de pesticidas pode ser prejudicial ao meio ambiente e à saúde humana, exigindo que os produtores encontrem métodos alternativos e sustentáveis de manejo.

Além disso, o clima desempenha um papel crucial na vida de um produtor de hortaliças. Mudanças inesperadas nas condições climáticas, como geadas, chuvas torrenciais ou secas prolongadas, podem afetar drasticamente o crescimento das plantas e comprometer toda uma safra. A imprevisibilidade climática exige que os produtores estejam preparados para lidar com essas eventualidades e adaptem suas práticas de cultivo para minimizar os impactos negativos.

Outro desafio significativo enfrentado pelos produtores de hortaliças é o mercado altamente competitivo. Os consumidores estão cada vez mais exigentes, buscando produtos frescos, saudáveis e sustentáveis. Para se destacar nesse cenário, os produtores precisam constantemente inovar, oferecer variedade de produtos e estabelecer canais eficientes de distribuição. Além disso, a globalização do mercado impõe desafios adicionais, como a concorrência com produtos importados de baixo custo, o que pode afetar a rentabilidade dos produtores locais.

Os custos de produção também são uma preocupação constante. Os produtores de hortaliças enfrentam desafios relacionados à aquisição de sementes de qualidade, fertilizantes, equipamentos agrícolas e mão de obra especializada. O aumento dos preços dos insumos agrícolas e a flutuação dos custos de energia podem impactar diretamente a viabilidade econômica da produção de hortaliças. Gerenciar eficientemente esses custos é essencial para a sustentabilidade do negócio e para garantir a continuidade da produção.

Por fim, o acesso a recursos e tecnologia desempenha um papel crucial na produtividade e eficiência dos produtores de hortaliças. A falta de acesso a terras adequadas para cultivo, água de qualidade, crédito agrícola e conhecimento técnico pode limitar as possibilidades de expansão e modernização das operações. A adoção de tecnologias avançadas, como a automação agrícola, sistemas de irrigação inteligentes e métodos de cultivo protegido, pode ajudar a superar essas limitações e melhorar a produtividade e a sustentabilidade.

Os produtores de hortaliças enfrentam uma série de desafios em sua jornada para cultivar alimentos saudáveis e sustentáveis. Do controle de pragas e doenças ao gerenciamento do mercado e dos custos de produção, esses empreendedores rurais devem superar obstáculos diários com criatividade e resiliência.

Apesar dos desafios, os produtores de hortaliças encontram maneiras inovadoras de superar as dificuldades, adaptando-se às mudanças e aproveitando as oportunidades que surgem. Eles são verdadeiros heróis anônimos, dedicados a alimentar o mundo e a contribuir para uma agricultura mais sustentável.

Controle de pragas e doenças: técnicas e cuidados

Garantir uma colheita saudável e livre de problemas é uma tarefa que exige atenção constante ao cuidado das plantas. É crucial adotar técnicas de controle de pragas e doenças que sejam seguras para o meio ambiente e a saúde humana. Evitar o uso de pesticidas sempre que possível é uma medida essencial. Embora possam oferecer eficácia no combate a pragas e doenças, é importante ter em mente os danos que eles podem causar ao meio ambiente e à saúde das pessoas. Portanto, é fundamental considerar outras abordagens para o controle de pragas, que devem ser implementadas de forma integrada em um plano abrangente de manejo e controle.

Uma das técnicas mais eficazes para controlar pragas e doenças é a prevenção. Isso envolve manter as plantas saudáveis e fortes, o que as torna menos suscetíveis a ataques de pragas e doenças. Algumas maneiras de fazer isso incluem:

- Utilização de sementes de qualidade: escolha sementes de alta qualidade para garantir que as plantas cresçam fortes e saudáveis desde o início.

- Nutrição adequada: fornecer às plantas os nutrientes de que precisam para crescer forte e saudável é fundamental para prevenir o aparecimento de doenças e pragas.
- Manejo correto do solo: o solo é o ambiente em que as plantas crescem e se desenvolvem, por isso é fundamental garantir que estejam sempre saudáveis e bem cuidados.
- Rotação de culturas: Isso ajuda a prevenir o acúmulo de doenças e pragas no solo, o que pode afetar negativamente o crescimento das plantas.
- Controle biológico: Isso envolve a introdução de predadores naturais das pragas para controlar sua população. Por exemplo, a liberação de joaninhas em uma plantação pode ajudar a controlar a população de pulgões, que são uma das pragas mais comuns.

Além disso, existem algumas técnicas mecânicas que podem ser utilizadas para controlar pragas e doenças. Algumas delas incluem:

- Armadilhas: utilizadas para capturar pragas que se aproximam das plantas.
- Barreiras físicas: como telas ou cercas, que podem impedir a entrada de pragas em uma plantação.
- Remoção manual: remover manualmente as pragas e doenças que aparecem nas plantas é uma maneira eficaz de controlar sua população.

Por fim, é importante destacar que o controle de pragas e doenças é um processo contínuo e que deve ser feito com cuidado e atenção aos detalhes. É fundamental estar sempre atento às condições das plantas e tomar as medidas necessárias para mantê-las saudáveis e fortes. Dessa forma, podemos garantir uma colheita adequada, sem prejudicar o meio ambiente ou a saúde humana.

O Impacto do Clima na Produção de Hortaliças

O clima desempenha um papel crucial na produção de hortaliças, e qualquer alteração nas condições climáticas pode ter efeitos significativos na agricultura. Desde mudanças repentinas de temperatura até secas prolongadas ou chuvas em excesso, os fenômenos climáticos podem afetar a saúde das plantas e diminuir sua produtividade.

A discussão sobre os efeitos das mudanças climáticas na produção de hortaliças teve um marco importante com o workshop "Efeitos das Mudanças Climáticas na Produção de Hortaliças", realizado pela Embrapa Hortaliças em 20 de novembro de 2010, com o apoio da Fundação de Amparo à Pesquisa do Distrito Federal (FAP-DF). Desde então, os especialistas têm se preocupado cada vez mais com os desafios enfrentados pelos agricultores devido às mudanças climáticas.

A ocorrência mais frequente de fenômenos climáticos extremos apresenta desafios significativos no planejamento das safras e afeta negativamente a produtividade agrícola. O aumento das temperaturas médias durante o dia e/ou à noite pode ter efeitos prejudiciais na produção de vegetais, mesmo em altitudes moderadas, conforme evidenciado em pesquisas conduzidas pela Embrapa. Essas mudanças climáticas imprevisíveis exigem uma abordagem mais cautelosa e adaptativa para garantir o sucesso das colheitas e a segurança alimentar.

Além disso, projeções do Painel Intergovernamental de Mudanças Climáticas (IPCC) indicam que a configuração da agricultura brasileira pode mudar significativamente nos próximos anos, devido ao aumento da temperatura. Culturas como algodão, arroz, café, feijão, girassol e milho sofrerão uma diminuição da área favorável ao plantio, enquanto a cana-de-açúcar e a mandioca podem ser menos afetadas.

As alterações climáticas também podem afetar a propagação de doenças nas hortaliças, modificando o panorama das enfermidades e sua gestão. Tanto os agentes infecciosos quanto às plantas hospedeiras podem ser diretamente impactados pelas mudanças climáticas, o que pode acarretar em consequências negativas para a produtividade agrícola. É crucial estar atento a essas transformações e adotar medidas adequadas de prevenção e controle para mitigar os efeitos prejudiciais sobre as culturas.

Diante desses desafios, é fundamental que a sociedade, incluindo fazendas e cooperativas, incorpore a gestão de riscos decorrentes das mudanças climáticas em seus processos de planejamento. É importante que os produtores rurais identifiquem a vulnerabilidade atual aos impactos de eventos climáticos na agricultura e tomem decisões informadas para mitigar os efeitos adversos.

No Brasil, as mudanças climáticas já estão causando consequências na produção de hortaliças. De acordo com dados, espera-se uma redução de um terço na produção de trigo e de um quarto na produção de milho. Além disso, prevê-se que um terço da produção mundial de café do Brasil seja reduzida devido à diminuição de 95% na área cultivada em estados como Goiás, São Paulo e Minas Gerais.

Para que a produção de hortaliças seja contínua, é importante que os agricultores façam um planejamento anual, levando em consideração as variações climáticas. Cada hortaliça tem suas preferências climáticas específicas, e é necessário definir quais serão plantadas nos meses de inverno e nos meses de verão para garantir uma produção saudável.

Em suma, as mudanças climáticas representam um desafio significativo para a produção de hortaliças. O clima exerce uma influência direta na saúde das plantas e na produtividade agrícola. Diante desse cenário, é essencial que os agricultores adotem medidas de gestão de riscos e planejamento cuidadoso para enfrentar os efeitos adversos do clima. A busca por soluções inovadoras e a incorporação de tecnologias podem desempenhar um papel fundamental na adaptação da agricultura às mudanças climáticas, garantindo assim a continuidade da produção de hortaliças no futuro.

Desafios e Oportunidades no Mercado de Hortaliças

Os produtores enfrentam uma realidade extremamente desafiadora no atual mercado. A competição acirrada, tanto de agricultores locais com métodos aprimorados quanto da importação de produtos de alta qualidade, representa um obstáculo constante em seu caminho. Além disso, esses empreendedores dedicados são confrontados diariamente com flutuações imprevisíveis nos preços dos vegetais e uma demanda instável e volátil por parte dos consumidores. Diante dessas complexidades, é necessário que eles desenvolvam estratégias eficazes e inovadoras para se destacarem e alcançarem o tão desejado sucesso no mercado altamente competitivo. A busca por soluções criativas e inteligentes é uma constante nesta jornada, pois somente assim poderão garantir sua posição e prosperar diante dessas adversidades.

A pandemia do coronavírus teve impactos significativos nas exportações e importações brasileiras de hortaliças, afetando a produção e a comercialização desses produtos. No entanto, em meio a esse cenário desafiador, é crucial que os diversos atores das cadeias de valor de hortaliças unam esforços para viabilizar a produção competitiva e sustentável desses alimentos. Essa união entre pesquisa, ensino, extensão, produtores, empresas de insumos, governo e outros atores é fundamental para superar os obstáculos e impulsionar o setor.

A utilização de mídias digitais, como o celular e plataformas como WhatsApp, Instagram e Facebook, tem se mostrado uma grande aliada para os produtores de hortaliças durante a pandemia. Essas ferramentas facilitam a comunicação entre produtores e consumidores, permitindo um fluxo mais ágil de produtos e até mesmo a negociação direta entre as partes. A digitalização dos processos de comercialização se tornou uma estratégia fundamental para manter os negócios nesses tempos desafiadores.

Entretanto, o panorama para o segmento de hortifrúti não é totalmente auspicioso. Apesar da expectativa de crescimento do Produto Interno Bruto (PIB) no Brasil, é improvável que o país se recupere por completo dos efeitos políticos decorrentes da má gestão governamental da pandemia nesse setor. A recessão econômica ocasionada pelo governo entre 2019 e 2022, somada à pandemia de COVID-19, impactou consideravelmente essa atividade econômica, resultando em redução na produção e afetando a demanda por produtos hortícolas. Contudo, apesar desses desafios, ainda se vislumbram oportunidades a serem exploradas.

A eficiência e o aumento da produtividade têm sido apontados pelos próprios produtores como caminhos para aliviar os prejuízos enfrentados durante a pandemia. Cerca de 20% dos agricultores acreditam que essas estratégias podem contribuir para superar as dificuldades e garantir uma melhor rentabilidade no mercado. Além disso, o consumo de hortaliças tende a aumentar com a melhoria da renda da população, o que oferece oportunidades para os produtores. O mercado brasileiro de hortaliças é diversificado e segmentado, com diversas variedades sendo comercializadas e consumidas nas diferentes regiões do país. Explorar essa diversidade e entender as demandas específicas de cada região pode ser uma estratégia promissora para se destacar no mercado.

É importante ressaltar que o mercado interno tem sido o foco principal da produção de hortaliças no Brasil, especialmente em tempos de pós-pandemia. No entanto, vale destacar que o mercado de hortaliças está em constante expansão, com produtos minimamente processados ganhando destaque e agregando valor aos consumidores que buscam praticidade e alimentação saudável. Essa tendência pode abrir novas oportunidades para os produtores que se adaptarem às demandas do mercado e oferecer produtos de qualidade, atendendo às necessidades dos consumidores contemporâneos.

Diante dos desafios enfrentados pelos produtores de hortaliças, é fundamental buscar soluções inovadoras, fortalecer parcerias e estar atento às tendências do mercado. A adoção de tecnologias avançadas, a melhoria da eficiência produtiva e a busca por canais de comercialização mais eficientes podem ser estratégias-chave para enfrentar a concorrência e garantir o sucesso no mercado de hortaliças. Com criatividade e perseverança, os produtores podem superar os obstáculos, alcançar o reconhecimento e contribuir para a construção de um setor hortifrúti cada vez mais competitivo e sustentável.

Gerenciando os Custos de Produção de Hortaliças

A produção de hortaliças é uma atividade que requer atenção e cuidado meticuloso no gerenciamento dos gastos envolvidos. É fundamental considerar uma série de fatores que podem exercer influência direta nos custos de produção, estabelecendo assim uma base sólida para o sucesso e a rentabilidade desse empreendimento.

Em primeiro lugar, é imprescindível levar em conta o valor dos insumos agrícolas, que compreende um aspecto crucial na determinação dos custos. O preço dos fertilizantes, defensivos agrícolas e demais produtos utilizados na produção das hortaliças pode variar significativamente ao longo do tempo, influenciado por fatores como flutuações de mercado, condições climáticas adversas e disponibilidade sazonal. Portanto, é essencial acompanhar de perto as oscilações desses preços e buscar opções que ofereçam a melhor relação custo-benefício, sem comprometer a qualidade dos insumos.

Outro fator relevante diz respeito à mão de obra necessária para a produção de hortaliças. Dependendo do tamanho e da complexidade do empreendimento, pode ser exigido um número considerável de trabalhadores para realizar atividades como preparo do solo, plantio, manejo das culturas, colheita e pós-colheita. A contratação e o pagamento dos funcionários devem ser incluídos na análise dos custos, sendo importante considerar também os encargos sociais, benefícios e treinamentos, buscando uma equipe capacitada e motivada, capaz de realizar as tarefas com eficiência e garantir a produtividade desejada.

A disponibilidade de sementes de qualidade é outro ponto de grande relevância para a produção de hortaliças. Utilizar sementes de alto padrão genético e sanitário é fundamental para garantir uma produção saudável e livre de doenças. No entanto, essas sementes de qualidade muitas vezes possuem um custo mais elevado, o que deve ser considerado no planejamento financeiro do empreendimento. Além disso, é importante avaliar a quantidade necessária de sementes, buscando evitar desperdícios e garantir um estoque adequado para o plantio.

Por fim, o investimento em maquinário adequado desempenha um papel crucial na otimização dos custos de produção de hortaliças. A escolha e a aquisição de equipamentos eficientes e adequados às necessidades específicas da atividade agrícola podem contribuir significativamente para a redução de mão de obra, aumento da produtividade e diminuição de desperdícios. Contudo, é importante avaliar criteriosamente o custo-benefício desses investimentos, levando em consideração fatores como vida útil, manutenção, consumo de energia e os benefícios operacionais que serão obtidos.

Dessa forma, ao considerar todos esses fatores - valor dos insumos agrícolas, mão de obra, disponibilidade de sementes de qualidade e investimento em maquinário adequado - é possível estabelecer uma gestão eficiente dos custos de produção de hortaliças, maximizando a rentabilidade do negócio, garantindo a qualidade dos produtos e contribuindo para a sustentabilidade do empreendimento agrícola.

Impacto dos custos na rentabilidade

Os custos associados à produção de hortaliças podem representar uma parcela significativa do investimento necessário para o cultivo. Um estudo realizado pelo Centro de Estudos Avançados em Economia Aplicada (Cepea) constatou que produtores de cebola e tomate têm enfrentado dificuldades para contratar mão de obra, o que tem elevado ainda mais os custos. Além disso, o aumento dos preços dos insumos agrícolas, como os fertilizantes, têm contribuído para o aumento geral dos custos de produção.

A compreensão da relação entre os custos e a rentabilidade da atividade agrícola é de suma importância para os produtores. É fundamental ter um conhecimento aprofundado dos custos envolvidos na produção, pois isso possibilita tomar decisões mais acertadas. Além disso, auxilia na definição de preços de venda mais adequados e na implementação de estratégias para otimizar os recursos disponíveis. Portanto, é imprescindível que os produtores tenham uma visão abrangente e detalhada dos custos associados à sua atividade agrícola, a fim de obter resultados mais favoráveis e sustentáveis.

Classificação dos custos de produção

Antes de iniciar o gerenciamento dos custos de produção, é fundamental compreender como eles podem ser classificados. Os custos podem ser divididos em dois tipos principais: custos fixos e custos variáveis. Os custos fixos são aqueles que não variam de acordo com a quantidade produzida, como o aluguel do galpão de produção. Já os custos variáveis são aqueles que estão diretamente relacionados à quantidade produzida, como a mão de obra e a matéria-prima utilizada.

É importante analisar cada categoria de custo de forma individual e entender como elas impactam a rentabilidade geral do negócio. Dessa forma, é possível identificar possíveis áreas de redução de gastos e otimização dos recursos.

Cálculo dos custos de produção

A análise dos gastos de produção se torna um procedimento crucial para compreender a situação financeira envolvida na atividade agrícola. A equação fundamental para calcular o custo total de produção é a seguinte:

Custo de produção total = Matéria-prima + Mão de obra direta + Custos fixos e variáveis + Extras

Essa fórmula leva em consideração todos os investimentos realizados para a produção das hortaliças. É importante que os produtores mantenham registros precisos de todos os gastos, desde os insumos utilizados até os custos com a mão de obra, a fim de obter uma visão clara dos custos envolvidos na produção.

Estratégias para redução de custos

Reduzir os custos de produção é um objetivo com um a todos os produtores, pois custos menores podem resultar em maiores lucros. Existem algumas estratégias que podem ser adotadas para alcançar esse objetivo:

- Revisão dos processos: Analisar os processos atuais de produção e identificar oportunidades

de agilização e simplificação pode levar a economias significativas. É importante questionar se existem etapas desnecessárias que podem ser eliminadas ou automatizadas.
- Negociação com fornecedores: Buscar obter melhores condições e preços mais competitivos com fornecedores de insumos agrícolas, como fertilizantes e sementes, pode ajudar a reduzir os custos de produção.
- Investimento em tecnologia: A adoção de tecnologias agrícolas avançadas, como sistemas de irrigação eficientes e maquinário moderno, pode aumentar a produtividade e reduzir os custos de mão de obra.
- Gestão eficiente da mão de obra: Gerenciar adequadamente a equipe de trabalho, otimizando a alocação de recursos e garantindo a capacitação adequada dos funcionários, pode contribuir para reduzir os custos com mão de obra.

O gerenciamento dos custos de produção é fundamental para o sucesso e a rentabilidade dos produtores de hortaliças. Conhecer os custos envolvidos em cada etapa do processo produtivo e adotar estratégias eficientes para reduzi-los são práticas essenciais. Os desafios relacionados à contratação de mão de obra e o aumento dos preços dos insumos agrícolas requerem uma atenção especial por parte dos produtores. No entanto, com um planejamento cuidadoso e uma abordagem estratégica, é possível otimizar os custos e obter resultados satisfatórios.

Superando Desafios e Aproveitando Recursos e Tecnologia

Enquanto adentramos no mundo da produção de hortaliças, é importante reconhecer que muitos produtores enfrentam dificuldades significativas para acessar recursos financeiros, tecnologia e informações atualizadas sobre as melhores práticas agrícolas. Essas limitações podem ter um impacto negativo na produtividade e rentabilidade desses agricultores incansáveis. No entanto, apesar desses obstáculos, há esperança e oportunidades valiosas para superar essas dificuldades e aproveitar ao máximo os recursos e tecnologias disponíveis.

Obter capital para investir em infraestrutura, maquinário moderno e insumos agrícolas de qualidade pode se tornar um desafio considerável. No entanto, é primordial destacar que há disponíveis programas de crédito agrícola, tanto governamentais quanto privados, que podem auxiliar os agricultores nessa trajetória. Esses programas oferecem oportunidades de financiamento para aquisição de equipamentos agrícolas avançados e tecnologias inovadoras, permitindo que os produtores superem as limitações financeiras e otimizem suas operações no campo.

Além das dificuldades financeiras, a falta de acesso à tecnologia também é uma preocupação para muitos produtores de hortaliças. A agricultura moderna está cada vez mais dependente de tecnologias avançadas para melhorar a eficiência, reduzir o desperdício e aumentar a produtividade. Felizmente, há um crescente reconhecimento da importância da inovação tecnológica no setor agrícola, o que tem impulsionado o desenvolvimento de soluções acessíveis e adaptadas às necessidades dos produtores.

Uma das tecnologias que tem demonstrado um potencial significativo para aprimorar a produção de hortaliças são os sensores agrícolas. Esses dispositivos inteligentes são capazes de coletar dados precisos e em tempo real sobre diversos aspectos do ambiente de cultivo, como umidade do solo, temperatura, qualidade do ar e níveis de nutrientes. Com base nessas informações, os agricultores podem tomar decisões mais informadas sobre irrigação, aplicação de fertilizantes e controle de pragas, resultando em uma produção mais eficiente e sustentável.

Outra tendência tecnológica promissora é a Agricultura 4.0, uma revolução que está transformando a forma como os produtores rurais trabalham. Com o avanço tecnológico, os agricultores têm acesso a ferramentas e técnicas inovadoras, como automação, internet das coisas (IoT) e análise de dados. Essas tecnologias podem aumentar a produtividade e reduzir os custos de produção, permitindo que os agricultores sejam mais eficientes em suas operações. No entanto, a transição para a Agricultura 4.0 também apresenta desafios, como a necessidade de capacitação técnica e infraestrutura adequada de conectividade.

Além das tecnologias, o acesso a informações atualizadas sobre as melhores práticas agrícolas é fundamental para o sucesso dos produtores de hortaliças. No entanto, muitos agricultores enfrentam o desafio de obter informações confiáveis e relevantes sobre cultivo, manejo de pragas, técnicas de irrigação e outras práticas agrícolas essenciais. A falta de acesso a essas informações pode limitar a adoção de práticas sustentáveis e eficientes, prejudicando a produtividade e a rentabilidade dos produtores. É crucial que sejam estabelecidos canais de comunicação eficientes e acessíveis, como programas de extensão agrícola, redes de agricultores e plataformas digitais, para fornecer informações atualizadas e apoio técnico aos produtores rurais.

Para enfrentar essas dificuldades, é necessário que haja uma colaboração entre os produtores, instituições governamentais, organizações não governamentais e o setor privado. Através de parcerias estratégicas, é possível promover o acesso a recursos financeiros, desenvolver soluções tecnológicas adaptadas às necessidades locais e fornecer capacitação e suporte técnico aos produtores de hortaliças. Essas iniciativas são fundamentais para impulsionar a produtividade e a sustentabilidade no setor agrícola, permitindo que os produtores enfrentem os desafios atuais e aproveitem ao máximo os recursos e tecnologias disponíveis.

Através do acesso a recursos financeiros, adoção de tecnologias inovadoras, estabelecimento de canais de comunicação eficientes e colaboração entre diferentes atores do setor agrícola, os produtores podem enfrentar essas dificuldades e abrir caminho para uma produção de hortaliças mais eficiente, sustentável e rentável.

Apesar dos desafios enfrentados, a produção de hortaliças mantém sua relevância como uma atividade crucial para garantir a segurança alimentar e promover a saúde humana. A demanda por hortaliças frescas e nutritivas continua a crescer, impulsionada pelo aumento da conscientização sobre os benefícios de uma alimentação saudável e equilibrada.

Nesse contexto, diversas iniciativas vêm sendo desenvolvidas com o intuito de apoiar os produtores de hortaliças. Tanto governos, por meio de programas específicos, quanto organizações não governamentais e empresas privadas estão engajadas em oferecer suporte aos agricultores. Uma das formas de apoio é por meio da assistência técnica, fornecendo orientações e conhecimentos especializados para melhorar as práticas de cultivo, manejo de pragas e doenças, e utilização sustentável de recursos naturais.

Além disso, o acesso a financiamento é um fator-chave para impulsionar o desenvolvimento e a expansão da produção de hortaliças. Muitas vezes, os produtores enfrentam dificuldades para investir em tecnologias mais avançadas, infraestrutura adequada e na capacitação da mão de obra. Os programas governamentais e as parcerias com empresas privadas buscam viabilizar recursos financeiros, por meio de subsídios, empréstimos com juros baixos ou linhas de crédito específicas para o setor agrícola.

Além do suporte técnico e financeiro, o acesso a informações sobre as melhores práticas de produção é fundamental para otimizar os resultados. Com o avanço da tecnologia e o crescente uso de dispositivos móveis e da internet, a disseminação de conhecimento se tornou mais acessível. Diversas plataformas digitais e aplicativos foram desenvolvidos para fornecer aos agricultores informações atualizadas sobre técnicas de plantio, manejo integrado de pragas e doenças, gestão eficiente da água e do solo, além de informações sobre o mercado e as tendências de consumo.

Em suma, a produção de hortaliças enfrenta desafios, mas continua sendo uma atividade de extrema importância para a segurança alimentar e a saúde humana. O apoio por meio de programas governamentais, organizações não governamentais e empresas privadas desempenha um papel fundamental ao oferecer assistência técnica, acesso a financiamento e informações relevantes, visando fortalecer e impulsionar o setor de hortaliças. Com essas iniciativas em andamento, é possível promover práticas sustentáveis de produção, aumentar a oferta de alimentos saudáveis e contribuir para o bem-estar da sociedade como um todo.

AS PARTICULARIDADES DO CULTIVO DE HORTALIÇAS

A produção de vegetais é uma prática agrícola que possui particularidades distintas em comparação com a maioria das outras culturas. Essas características únicas conferem à atividade uma importância significativa tanto do ponto de vista social quanto econômico dentro do contexto agrícola.

Um aspecto marcante do cultivo de vegetais é o ciclo de cultivo curto. Isso significa que é possível realizar vários plantios da mesma espécie ou de diferentes espécies ao longo do ano no mesmo local. No entanto, é importante ressaltar que há exceções para vegetais perenes ou semiperenes, como chuchu, aspargo e alcachofra.

Outro aspecto relevante é a utilização de áreas marginais para o cultivo. A produção de vegetais pode ser desenvolvida em regiões periféricas de grandes centros urbanos, onde o preço da terra é elevado, ou em locais com baixa fertilidade natural do solo. Nessas situações, é comum o uso intensivo de insumos, o que pode resultar em maiores custos relacionados à aquisição da terra ou à sua melhoria através de adubações químicas pesadas.

Além disso, a produção de vegetais é frequentemente realizada em propriedades de pequeno porte. O uso intensivo do solo é uma característica marcante dessa atividade, embora existam exceções, como no caso do cultivo de ervilhas para conserva, tomates industriais e batatas, que geralmente são realizados por grandes produtores.

A mão de obra desempenha um papel fundamental no cultivo de vegetais. São necessárias diversas práticas culturais para o manejo adequado das culturas, como o tutoramento, o amontoamento, a poda, o desbaste, a adubação de cobertura, entre outras. Essas atividades demandam um alto nível de trabalho manual, tornando-se um fator importante a ser considerado.

Uma das vantagens da produção de vegetais é a possibilidade de obter rendimentos brutos e líquidos elevados por unidade de área. A maioria dos vegetais é produzida em quantidades significativas por hectare. Culturas como tomate, pimentão, repolho e beterraba demonstram o potencial produtivo por unidade de área, alcançando produtividades expressivas.

Essas características conferem à produção de vegetais um aspecto social relevante dentro do contexto agrícola. O uso intensivo de mão de obra e a exploração de propriedades de pequeno porte pela própria família permitem a permanência das pessoas no campo e proporcionam uma fonte de renda significativa para essas unidades produtivas.

O Ciclo de Cultivo Breve e a Diversidade de Plantios

Agricultores ao redor do mundo estão constantemente buscando maneiras de otimizar a produção agrícola, e uma abordagem eficaz é aproveitar o ciclo de cultivo breve. Esse fator fundamental permite que vários plantios com a mesma espécie ou com espécies diferentes possam ser realizados no mesmo local ao longo do ano. No entanto, é importante ressaltar que existem exceções para as hortaliças perenes ou semiperenes, como chuchu, aspargo e alcachofra, que possuem ciclos de cultivo mais longos.

A possibilidade de realizar múltiplos plantios anuais traz uma série de vantagens para os agricultores. Primeiramente, eles podem aproveitar ao máximo a capacidade produtiva do solo e o uso eficiente dos recursos disponíveis. Além disso, a diversificação dos cultivos contribui para reduzir os riscos associados a condições climáticas adversas, pragas e doenças específicas de determinada cultura. Essa prática também proporciona uma oferta constante de alimentos frescos ao longo do ano, satisfazendo as demandas do mercado consumidor.

No entanto, é importante destacar que cada espécie vegetal tem suas próprias características e requisitos específicos. Ao planejar o ciclo de cultivo breve, é fundamental levar em consideração fatores como o tempo necessário para a germinação, desenvolvimento, colheita e período de dormência. Um planejamento cuidadoso é essencial para evitar conflitos entre as diferentes espécies e garantir a utilização adequada dos recursos disponíveis.

Existem várias formas de otimizar o ciclo de cultivo breve, cada uma com suas estratégias específicas. Uma delas é a prática da rotação de culturas, que consiste em alternar diferentes espécies seguindo uma sequência pré-estabelecida. Essa abordagem contribui para melhorar a fertilidade do solo, controlar o surgimento de pragas e doenças, além de reduzir o esgotamento de nutrientes específicos. Além disso, a seleção criteriosa das cultivares desempenha um papel fundamental, permitindo que as plantas se adaptem às condições locais e maximizem seu potencial produtivo. É importante ressaltar que a combinação adequada dessas práticas pode trazer benefícios significativos para o cultivo e garantir uma produção saudável e sustentável.

Para a implementação bem-sucedida do ciclo de cultivo breve, é necessário considerar uma série de fatores. Dentre eles, destacam-se o planejamento do calendário de plantio agrícola, a rotação de culturas, a compra de maquinários e outros elementos que compõem o sistema produtivo. Além disso, é importante ter em mente que as plantas são influenciadas por diferentes fatores, como a disponibilidade de oxigênio no solo, a temperatura e até mesmo a deriva genética.

No Brasil, especificamente, há uma diversidade de espécies vegetais pouco cultivadas, muitas vezes devido à falta de informação sobre as mesmas. Cucurbitáceas, como o maxixe, são exemplos de culturas que ainda são pouco exploradas. No entanto, com o apoio de programas de melhoramento vegetal conduzidos pela pesquisa pública e privada, as cultivares de plantas estão se tornando cada vez mais importantes para a agricultura, possibilitando o desenvolvimento de variedades adaptadas às necessidades específicas de cada região.

É válido ressaltar que, ao trabalhar com o ciclo de cultivo breve, os agricultores também precisam estar atentos aos cuidados necessários para garantir o sucesso das culturas. Fatores como a necessidade de oxigênio para a respiração das plantas, a temperatura do solo e a capacidade de assimilação de CO_2 pelas plantas são elementos importantes a serem considerados.

Em resumo, o ciclo de cultivo breve é uma estratégia valiosa para maximizar a produção agrícola, permitindo múltiplos plantios anuais e a diversificação de cultivos. No entanto, é necessário um planejamento cuidadoso, levando em consideração as características e requisitos específicos de cada espécie vegetal. Com o apoio de programas de melhoramento vegetal e a adoção de práticas agrícolas sustentáveis, os agricultores podem aproveitar ao máximo o potencial produtivo das plantas, contribuindo para uma agricultura mais eficiente e sustentável.

A jornada pela agricultura ainda reserva muitas descobertas e desafios, mas com a compreensão adequada desses conceitos, os agricultores poderão aproveitar ao máximo o potencial do solo e das plantas.

Uso de áreas marginais

A produção de hortaliças em áreas marginais apresenta uma solução viável para superar desafios relacionados à disponibilidade de terras em regiões urbanas densamente povoadas ou em áreas com solos de baixa fertilidade natural. Essa prática permite o aproveitamento de espaços subutilizados ou considerados inadequados para grandes plantações, como a periferia de grandes centros urbanos ou regiões com solos menos produtivos.

A utilização dessas áreas marginais para a produção de hortaliças pode ser uma estratégia eficiente para suprir a demanda crescente por alimentos frescos, saudáveis e cultivados localmente. No entanto, é importante ressaltar que essa atividade requer cuidados especiais e o uso intensivo de insumos para alcançar níveis satisfatórios de produtividade e qualidade dos produtos.

Um dos principais desafios enfrentados na produção de hortaliças em áreas marginais é o custo associado à aquisição da terra ou à recuperação do solo. Em regiões urbanas, onde as terras são geralmente caras, a utilização de áreas marginais pode representar uma alternativa mais acessível para os produtores. Além disso, em regiões com solos de baixa fertilidade, pode ser necessário recorrer a adubações químicas pesadas para melhorar as condições do solo e promover um ambiente propício ao crescimento das plantas.

No entanto, é importante destacar que o uso intensivo de insumos, como fertilizantes químicos, pode acarretar custos adicionais para os produtores. Além disso, a utilização desses insumos deve ser realizada de forma cuidadosa, levando em consideração os impactos ambientais e a sustentabilidade da atividade agrícola. Nesse sentido, é fundamental buscar alternativas sustentáveis, como a utilização de adubos orgânicos, práticas de conservação do solo e rotação de culturas, a fim de minimizar o uso de insumos químicos e promover a saúde do solo a longo prazo.

Pesquisas têm sido realizadas com o objetivo de desenvolver modelos e técnicas que permitam o cultivo de hortaliças em áreas marginais de forma eficiente e sustentável. Esses estudos visam maximizar a produtividade, reduzir os custos de produção e mitigar os impactos ambientais associados a essa prática. Entre as abordagens promissoras estão o uso de adubos verdes, a adoção de sistemas de irrigação pressurizados e o manejo adequado do solo.

No entanto, é importante destacar que a produção de hortaliças em áreas marginais não é isenta de desafios. A inconstância de um suprimento regular de produtos de qualidade e as perdas inerentes aos processos são alguns dos obstáculos enfrentados pelo mercado de hortaliças no Brasil. Além disso, com as projeções futuras de mudanças climáticas, é necessário considerar os possíveis impactos na produtividade das áreas de cultivo, incluindo as marginais. Mudanças na temperatura e nos padrões de chuva podem afetar significativamente a capacidade de produção dessas áreas, o que pode exigir adaptações e a busca por novas estratégias de cultivo.

Em resumo, o uso de áreas marginais para produção de hortaliças pode ser uma alternativa viável para a expansão da agricultura em regiões urbanas ou em solos menos produtivos. No entanto, essa prática requer um manejo cuidadoso, com a utilização adequada de insumos, práticas sustentáveis e a consideração dos desafios específicos enfrentados nesse contexto. Com o desenvolvimento de pesquisas e a adoção de técnicas apropriadas, é possível explorar todo o potencial dessas áreas marginais e contribuir para a oferta de alimentos saudáveis e de qualidade.

Utilização de Pequenas Áreas - Maximizando o Potencial do Solo

As atividades agrícolas são essenciais para a produção de alimentos, e muitas vezes são realizadas em pequenas áreas de terra. Essa prática é caracterizada pelo uso intensivo de insumos e pelo intenso aproveitamento do solo. A utilização de pequenas áreas agrícolas é comum em diversas propriedades rurais, especialmente em agricultura familiar e empreendimentos de pequeno porte.

A agricultura em pequenas áreas oferece uma série de vantagens. Por ser praticada em escalas menores, permite um manejo mais detalhado e personalizado do solo, além de uma maior diversificação de cultivos. Diferentes tipos de culturas podem ser plantados em áreas reduzidas, o que promove a sustentabilidade e a segurança alimentar. Essa diversidade de culturas pode incluir vegetais para consumo humano, animal e até mesmo para uso industrial.

No entanto, é importante ressaltar que existem exceções em relação ao uso intensivo de pequenas áreas. Alguns cultivos, como ervilha para conserva, tomate industrial e batata, são frequentemente cultivados em grande escala por produtores maiores.

Essas culturas demandam uma produção mais robusta para atender à demanda do mercado.

A utilização de pequenas áreas agrícolas exige um manejo cuidadoso do solo e dos recursos naturais disponíveis. O solo é um elemento fundamental nesse contexto e seu uso adequado é essencial para garantir a produtividade a longo prazo. A prática de técnicas sustentáveis, como a rotação de culturas, a adubação orgânica e o controle integrado de pragas e doenças, são estratégias importantes para preservar a fertilidade do solo e minimizar os impactos negativos do uso intensivo.

A legislação brasileira reconhece a importância da agricultura familiar e estabelece diretrizes específicas para a gestão dessas pequenas propriedades. A agricultura familiar é caracterizada pela gestão da propriedade rural pelo núcleo familiar, geração de emprego e renda para os membros da família, policultura de gêneros alimentícios e pequenos investimentos financeiros. Essas diretrizes visam promover a sustentabilidade econômica e social das comunidades rurais, além de garantir a preservação dos recursos naturais.

No entanto, é importante destacar que o uso intensivo de pequenas áreas agrícolas também apresenta desafios. A falta de recursos financeiros e tecnológicos pode limitar a capacidade dos produtores de implementar práticas mais sustentáveis. Além disso, a escassez de mão de obra qualificada e a dependência de condições climáticas favoráveis são fatores que podem afetar a produtividade nessas propriedades.

Em suma, a utilização de pequenas áreas agrícolas é uma prática comum em muitas propriedades rurais, especialmente na agricultura familiar. Essa abordagem permite um uso intensivo e sustentável do solo, proporcionando diversidade de culturas e contribuindo para a segurança alimentar. No entanto, é fundamental que os produtores adotem práticas de manejo adequadas e busquem apoio governamental para superar os desafios e maximizar o potencial dessas pequenas áreas agrícolas.

O Cultivo Intensivo de Hortaliças e o Desafio da Mão de Obra

O cultivo de hortaliças é uma prática que requer uma série de cuidados e técnicas específicas para garantir o desenvolvimento saudável das plantas e a obtenção de bons resultados. Dentre as diversas práticas culturais envolvidas, como tutoramento, amontoamento, desbrota, desbaste ou raleio e adubações de cobertura, destaca-se a necessidade de uma mão de obra intensiva para executar essas tarefas.

A agricultura intensiva, seja ela de hortaliças ou outros cultivos, baseia-se no uso de altos níveis de insumos e tecnologia para aumentar a produtividade e reduzir prazos. No caso específico das hortaliças, a mão de obra intensiva se faz necessária devido à demanda de tarefas específicas, como o manejo das plantas e a manutenção do ambiente de cultivo.

Dentre as práticas que exigem um alto uso de mão de obra no cultivo de hortaliças, destacam-se o tutoramento e o amontoamento. O tutoramento consiste em fornecer suportes para as plantas, como estacas ou treliças, a fim de garantir o seu crescimento vertical e evitar que os ramos se espalhem pelo solo. Essa prática é comumente utilizada em culturas como tomateiros e pimenteiros. Já o amontoamento envolve a formação de pequenas elevações de terra ao redor das plantas, com o objetivo de favorecer o desenvolvimento das raízes e melhorar a drenagem do solo. Hortaliças como batata e cebola podem se beneficiar desse método.

Além disso, o desbrota, o desbaste ou raleio e as adubações de cobertura também demandam uma mão de obra intensiva. O desbrota consiste na remoção de brotos laterais indesejados das plantas, a fim de direcionar a energia para o crescimento dos ramos principais. Já o desbaste ou raleio envolve a retirada de plantas ou partes delas para garantir o espaçamento adequado entre as culturas e evitar a competição por recursos como nutrientes e água. Quanto às adubações de cobertura, essas consistem na aplicação de fertilizantes durante o ciclo de cultivo para suprir as necessidades nutricionais das plantas e maximizar a produtividade.

É importante ressaltar que o uso intensivo de mão de obra no cultivo de hortaliças pode representar um desafio para os produtores, pois demanda uma equipe qualificada e disponível para a realização das diversas tarefas. Além disso, o custo com mão de obra pode ser significativo e impactar a rentabilidade do negócio.

Para contornar essa questão, alguns produtores têm buscado alternativas para otimizar o uso da mão de obra, como o uso de técnicas de cultivo mais eficientes. O cultivo mecanizado, por exemplo, envolve o uso de máquinas agrícolas para substituir o trabalho braçal em algumas etapas do cultivo, resultando em maior produtividade e economia de tempo. No entanto, nem todas as tarefas podem ser realizadas mecanicamente, sendo necessária a intervenção manual em muitos casos.

Outra alternativa é a adoção de práticas de cultivo mínimo, rotações e associações de culturas adequadas, visando reduzir a necessidade de intervenção constante e otimizar o uso da mão de obra. Essas práticas podem contribuir para o manejo mais eficiente das hortaliças, equilibrando as demandas nutricionais e reduzindo a competição entre as plantas.

Além disso, o cultivo de hortaliças em sistema orgânico também se mostra uma opção viável, pois prioriza o respeito aos processos ecológicos, promovendo o aumento da matéria orgânica do solo e reduzindo a dependência de insumos químicos. Embora o cultivo orgânico possa exigir um trabalho manual mais intenso, ele pode proporcionar benefícios a longo prazo, como a melhoria da qualidade do solo e a produção de alimentos mais saudáveis.

Em suma, o cultivo de hortaliças demanda um alto uso de mão de obra devido às diversas práticas culturais envolvidas. No entanto, os produtores têm buscado estratégias para otimizar o uso da mão de obra, como a adoção de técnicas de cultivo mais eficientes, o cultivo mínimo e o uso de práticas orgânicas. Essas abordagens visam maximizar a produtividade das hortaliças, reduzir custos e promover uma agricultura mais sustentável.

Maximizando a Renda Bruta e Líquida por Unidade de Área

Ao explorar a possibilidade de alta renda bruta e líquida por unidade de área, é essencial compreender o potencial de produção das culturas agrícolas. As hortaliças, em particular, oferecem grandes oportunidades nesse sentido. Com produtividades impressionantes, como 80 toneladas por hectare para o tomate, 45 toneladas por hectare para o pimentão, 40 toneladas por hectare tanto para o repolho quanto para a beterraba, entre outras, fica evidente o potencial dessas culturas em termos de produção por unidade de área.

Para alcançar altas rendas bruta e líquida por unidade de área, é necessário adotar estratégias eficientes de produção. A margem bruta é um indicador importante nesse contexto. A margem bruta é calculada dividindo-se o lucro bruto pela receita líquida e multiplicando por 100. O lucro bruto é determinado pela subtração dos custos diretos variáveis, como matéria-prima e fichas técnicas, da receita líquida. Em outras palavras, quanto mais a empresa rural vende, mais ela fabrica e mais matéria-prima será necessária.

Outro fator relevante é a produtividade por área. Esse indicador reflete a capacidade de competição da produção de hortaliças em comparação com outras atividades agropecuárias. Quanto maior a produção por área, maior é o poder de competição. Além disso, a renda líquida positiva indica a sustentabilidade do sistema de produção no longo prazo.

No entanto, a produção de hortaliças também apresenta desafios. Essas culturas são consideradas de alto risco em comparação com outras opções agrícolas, devido à maior ocorrência de problemas fitopatológicos e à sensibilidade a condições climáticas. Para superar esses desafios e maximizar a produção, é crucial adotar medidas adequadas de manejo e proteção das culturas. Uma abordagem eficaz é fazer uso de técnicas de cultivo protegido, que podem não apenas amenizar as temperaturas em locais quentes, mas também proteger a cultura contra problemas causados por fungos, vírus e insetos. Além disso, as técnicas de cultivo protegido, como o uso de estufas agrícolas com cobertura de filme plástico, são capazes de proteger as plantações do frio e da geada. A cobertura da estufa mantém a temperatura interna mais elevada do que a temperatura externa durante a noite, evitando danos causados pelo frio excessivo e pela umidade noturna. Também impede a formação de orvalho nas folhas, prevenindo a queima das mesmas por formação de cristais de gelo durante uma geada. Essas vantagens são importantes para garantir um ambiente propício ao cultivo, minimizando os riscos associados a condições climáticas adversas e contribuindo para o crescimento saudável das hortaliças.

Além disso, é fundamental considerar a energia nas cadeias alimentares. Os produtores primários, como plantas e outros organismos fotossintetizadores, têm um papel essencial na entrada de energia nas teias alimentares. A produtividade bruta refere-se à taxa de captura global de energia, ou seja, a taxa na qual a energia é adicionada aos corpos de um grupo de organismos, incluindo os produtores primários, na forma de biomassa.

Na base da cadeia alimentar, os produtores primários realizam a fotossíntese, convertendo a energia solar em energia química armazenada nos tecidos vegetais. Essa biomassa vegetal serve como alimento para os consumidores primários, como herbívoros e insetos, que por sua vez são consumidos pelos consumidores secundários, como carnívoros e predadores.

Dessa forma, a produtividade bruta é um indicador da quantidade total de energia capturada e disponível em cada nível trófico de uma cadeia alimentar. Quanto maior a produtividade bruta, maior a quantidade de energia disponível para sustentar a vida e as atividades dos organismos em um ecossistema.

Portanto, ao considerar a possibilidade de alcançar alta renda bruta e líquida por unidade de área na produção de hortaliças, é importante reconhecer a importância dos produtores primários na entrada de energia nas cadeias alimentares e a influência da produtividade bruta nesse processo.

Em resumo, para obter alta renda bruta e líquida por unidade de área na produção de hortaliças, é essencial considerar fatores como a margem bruta, a produtividade por área e o ambiente de cultivo. Adotar práticas eficientes de produção, minimizar os riscos fitopatológicos e climáticos e otimizar a captura de energia são estratégias fundamentais para maximizar a rentabilidade desse tipo de empreendimento agrícola.

Tipos de Cultivo de Hortaliças

A agricultura moderna compreende uma ampla variedade de estratégias para a produção de alimentos, abrangendo desde sistemas de cultivo diversificados até abordagens especializadas voltadas para a indústria. Cada uma dessas metodologias apresenta suas próprias vantagens e desvantagens, sendo mais ou menos adequadas de acordo com as características locais e os objetivos de produção. A adoção de práticas agrícolas diversificadas possui o potencial de reduzir os riscos financeiros e melhorar a qualidade do solo, contribuindo para uma agricultura mais resiliente e sustentável. Por outro lado, as hortas não comerciais também desempenham um papel fundamental, fornecendo alimentos frescos e saudáveis, além de serem uma fonte de lazer e bem-estar para a comunidade local. A diversidade de abordagens na agricultura reflete a busca por soluções mais eficientes e sustentáveis, considerando aspectos econômicos, sociais e ambientais.

Existem diversas abordagens de cultivo na agricultura moderna que são fundamentais para a produção de alimentos. O cultivo diversificado, por exemplo, caracteriza-se pelo plantio de diferentes culturas em pequenas áreas, com o objetivo de reduzir a dependência de uma única fonte de renda e aumentar a resiliência do sistema agrícola. Já o cultivo especializado concentra-se na produção em grande escala de um número limitado de culturas selecionadas, utilizando tecnologias avançadas para garantir qualidade e produtividade.

Outra forma de cultivo é aquela direcionada para fins industriais, visando fornecer matéria-prima em larga escala para a indústria. Essa abordagem é caracterizada pela produção em áreas extensas, estabelecendo uma relação direta entre produtores e agroindústrias. Além disso, as hortas não comerciais desempenham um papel importante na promoção da sustentabilidade, ao fornecer alimentos frescos e saudáveis para consumo próprio e contribuir para a conscientização sobre práticas sustentáveis.

Cada uma dessas abordagens é valiosa na busca por sistemas agrícolas mais sustentáveis e resilientes, e contribui de maneiras diferentes para a produção de alimentos em uma população em crescimento. É essencial reconhecer a diversidade de abordagens na agricultura e a importância de cada uma delas para promover a segurança alimentar e a sustentabilidade.

Cultivo diversificado para fins comerciais

O cultivo diversificado para fins comerciais é caracterizado por uma produção agrícola em pequenas áreas, porém com diversas culturas diferentes. É um tipo de agricultura que visa uma maior variedade de produtos e uma menor dependência de uma única cultura. As culturas podem incluir verduras, frutas, leguminosas, entre outras. O produtor geralmente vende sua produção para varejistas em feiras, mercados e supermercados ou é ele próprio o varejista que comercializa sua produção em feiras.

Há várias vantagens em adotar uma abordagem diversificada no cultivo. Uma delas é a diminuição do risco financeiro, uma vez que a produção se torna mais variada, aumentando assim as chances de sucesso pelo menos em uma das culturas. Além disso, esse tipo de prática pode contribuir para a melhoria da qualidade do solo, pois cada cultura possui necessidades distintas. Ao respeitar as condições alelopáticas peculiares de cada espécie vegetal, é possível trabalhar em conjunto, ocupando faixas de solo e espaços aéreos diferenciados, além de consumir quantidades de nutrientes diversos, evitando a competição prejudicial. Essa abordagem colaborativa entre as culturas promove um ambiente mais equilibrado e sustentável para o cultivo.

O cultivo diversificado é comum em áreas urbanas ou próximas a elas, em regiões conhecidas como cinturões verdes. Essas áreas possuem grande demanda por produtos frescos e saudáveis, o que torna a produção diversificada uma opção atrativa para os produtores. Além disso, a proximidade das áreas urbanas permite a redução de custos com transporte e logística.

Para obter sucesso no cultivo diversificado, é importante realizar uma seleção rigorosa de sementes e investir em fertilizantes e insumos de qualidade para aumentar a produção. No entanto, é importante destacar que o uso intensivo de fertilizantes e a monocultura podem esgotar o solo em razão de seu uso permanente, o que pode prejudicar a qualidade da produção a longo prazo. Por isso, é importante adotar práticas de manejo sustentáveis para preservar o solo e a qualidade da produção.

Em resumo, o cultivo diversificado para fins comerciais é uma opção atraente para produtores que desejam reduzir riscos financeiros e obter vantagens por estar próximo aos centros urbanos. No entanto, é importante adotar práticas sustentáveis para preservar o solo e garantir a qualidade da produção a longo prazo.

Cultivo Especializado para Fins Comerciais

A agricultura é uma atividade complexa que envolve diferentes abordagens e técnicas para atender às demandas do mercado. Um dos aspectos importantes na produção agrícola é o cultivo especializado, que se destaca por suas características específicas e foco na produção comercial de hortaliças.

O cultivo especializado é caracterizado por trabalhar com um número reduzido de hortaliças, geralmente variando de uma a quatro espécies diferentes. Em contraste com o cultivo diversificado, que envolve uma ampla variedade de culturas, o cultivo especializado concentra-se na produção em grande escala de um número limitado de culturas selecionadas cuidadosamente para atender às demandas específicas do mercado. Essa abordagem permite que os produtores se especializem em determinadas culturas, aprimorem suas habilidades e alcancem uma maior eficiência produtiva.

Para maximizar a produtividade e garantir a qualidade, o cultivo especializado emprega tecnologias de produção avançadas e faz uso intensivo de máquinas e insumos modernos. Os agricultores especializados estão constantemente em busca de inovações tecnológicas que possam melhorar seus processos de produção e aumentar a eficiência. Eles investem em equipamentos agrícolas sofisticados, sistemas de irrigação automatizados, monitoramento de clima e uso de fertilizantes específicos para cada cultura, a fim de obter melhores resultados e atender às demandas dos consumidores.

Além disso, o cultivo especializado tende a explorar áreas maiores para a produção agrícola, permitindo um maior volume de culturas específicas. Essas áreas geralmente são planejadas de acordo com as necessidades de cada cultura, levando em consideração fatores como a disponibilidade de recursos naturais, o clima e as condições de solo adequadas para o cultivo.

No que diz respeito à comercialização, os produtores especializados geralmente estabelecem parcerias com atacadistas, vendem seus produtos em Centrais de Abastecimento (CEASAs) ou fornecem diretamente para redes de supermercados. Essa forma de comercialização é adotada para garantir uma distribuição eficiente e abrangente dos produtos agrícolas cultivados, alcançando um mercado mais amplo.

É importante destacar que o cultivo especializado é frequentemente praticado por empresários agrícolas que estão dispostos a assimilar e investir em novas tecnologias. Esses produtores entendem a importância da inovação e estão preparados para aplicar as tecnologias mais recentes em seus negócios agrícolas. Eles acompanham as tendências do mercado, buscam oportunidades de crescimento e se adaptam às demandas em constante mudança dos consumidores.

    O cultivo especializado é uma abordagem agrícola que visa maximizar a produtividade, garantir a qualidade dos produtos e atender às demandas do mercado. Através do uso de tecnologias avançadas, áreas maiores de produção e uma estratégia de comercialização direcionada, os agricultores especializados são capazes de oferecer produtos agrícolas de alta qualidade em larga escala. Essa prática agrícola contribui para o abastecimento de alimentos, fortalecendo a segurança alimentar e impulsionando a economia agrícola.

Cultivo com Finalidade Industrial

No vasto mundo da agricultura, encontramos diferentes tipos de cultivo que servem a diversos propósitos. Um dos tipos mais importantes é o cultivo com finalidade industrial, o qual possui características específicas que o distinguem de outros tipos de cultivo.

O cultivo com finalidade industrial é caracterizado por ser realizado em grandes áreas, de forma mais extensiva. Isso significa que as culturas são plantadas em uma escala maior, abrangendo vastos terrenos agrícolas. Tal abordagem é essencial para atender às demandas da indústria, que requer quantidades significativas de matéria-prima agrícola para a produção em larga escala.

Dentre os exemplos de culturas destinadas ao cultivo industrial, destacam-se as ervilhas secas para conserva, totalmente mecanizadas. Esse tipo de cultivo emprega técnicas avançadas de maquinário para facilitar o plantio, a colheita e o processamento das ervilhas, garantindo eficiência e produtividade. Outro exemplo são os tomates industriais, que utilizam cultivares de crescimento determinado plantados sem tutoramento. Isso significa que as plantas de tomate são cultivadas de forma que não precisam de suportes para se manterem eretas. Além disso, o cultivo de milho doce também se destaca, com cultivares próprias de sementes rugosas e cuja colheita deve ser processada em poucas horas para garantir a qualidade do produto final.

Um aspecto importante do cultivo com finalidade industrial é que os custos de produção por unidade de área geralmente são menores do que no cultivo para consumo in natura. Isso ocorre porque o foco principal desse tipo de cultivo é fornecer matéria-prima em grande quantidade e com eficiência, visando à produção industrial. Portanto, são implementadas práticas e tecnologias que permitem reduzir custos e maximizar a produtividade, tornando-o economicamente viável.

Além disso, o cultivo com finalidade industrial tem como objetivo abastecer as agroindústrias. Antes do plantio, ocorre um contato prévio entre os produtores e as agroindústrias para estabelecer as obrigações de ambas as partes. Nessa negociação, são definidas as áreas específicas a serem plantadas, as cultivares permitidas e os padrões exigidos de produção. Os produtores, por sua vez, devem cumprir essas determinações, enquanto as agroindústrias se comprometem a comprar a produção a um preço previamente acordado. Essa relação é fundamental para garantir um fluxo constante de matéria-prima para as indústrias, bem como para oferecer segurança e estabilidade aos produtores.

O cultivo com finalidade industrial desempenha um papel crucial no suprimento de matérias-primas para uma variedade de setores industriais, como a produção de alimentos processados, conservas, ingredientes para a indústria farmacêutica, biocombustíveis e muitos outros. Através do uso eficiente de recursos e tecnologias avançadas, esse tipo de cultivo permite atender à demanda crescente por produtos industrializados, contribuindo para a economia e o desenvolvimento sustentável.

Essa forma de agricultura desempenha um papel fundamental na cadeia produtiva, abastecendo a indústria com matéria-prima de qualidade e impulsionando o crescimento econômico. Ao compreendermos os detalhes desse tipo de cultivo, ampliamos nosso conhecimento sobre a agricultura e seu impacto na sociedade contemporânea.

Hortas sem fins comerciais: Cultivando alimentos saudáveis, promovendo a educação e a sustentabilidade

As hortas sem fins comerciais são bastante comuns e desempenham diferentes funções, seja para garantir a subsistência ou suplementação alimentar, ou para fins educativos e recreativos. Essas hortas são caracterizadas pelo cultivo de alimentos em pequena escala, geralmente próximas à residência, escola ou creche. Elas se destacam por fazerem uso intensivo da mão de obra disponível, envolvendo principalmente os membros da família ou da comunidade local. A principal motivação para o estabelecimento dessas hortas é a obtenção de alimentos frescos e saudáveis, além de promover a conscientização sobre a importância da produção de alimentos.

Ao contrário das hortas comerciais, que têm como objetivo principal a venda dos produtos cultivados, as hortas sem fins comerciais têm um enfoque diferente. Elas priorizam o consumo próprio, visando a segurança alimentar e a diversificação da alimentação. Essas hortas permitem que as pessoas tenham acesso a alimentos frescos e livres de agrotóxicos, o que é especialmente relevante considerando os impactos negativos do uso excessivo desses produtos no Brasil, um dos países que mais utiliza pesticidas no mundo.

Além disso, as hortas sem fins comerciais também desempenham um papel educativo, uma vez que possibilitam o aprendizado sobre o cultivo de alimentos, o respeito ao meio ambiente e a importância de uma alimentação saudável. Elas podem ser uma excelente forma de envolver crianças e jovens nesse processo, proporcionando uma experiência prática e estimulando o contato com a natureza e a valorização dos alimentos in natura.

Uma das vantagens dessas hortas é a possibilidade de cultivar os alimentos de forma orgânica, evitando o uso de agrotóxicos e adotando práticas sustentáveis de manejo do solo e da água. Essa abordagem contribui para a preservação do meio ambiente e para a promoção da saúde, uma vez que os alimentos produzidos são livres de resíduos químicos prejudiciais à saúde humana.

É importante ressaltar que o cultivo em hortas sem fins comerciais requer dedicação e conhecimento básico sobre técnicas de plantio, cuidados com as plantas e manejo dos recursos disponíveis. No entanto, o esforço é recompensado com a satisfação de colher alimentos frescos e saudáveis diretamente do próprio quintal ou de áreas próximas.

As hortas sem fins comerciais, como as hortas domésticas e as hortas com fins educativos e recreativos, são uma ótima alternativa para garantir a subsistência alimentar, promover a educação e o contato com a natureza, além de contribuir para a redução do consumo de alimentos industrializados e o uso de agrotóxicos. Essas hortas oferecem uma maneira prática e sustentável de cultivar alimentos, fortalecendo a relação entre as pessoas e a terra e proporcionando uma alimentação mais saudável e consciente.

CLASSIFICAÇÃO DAS HORTALIÇAS

De acordo com as análises de Filgueira (1981), há múltiplos critérios para classificar as hortaliças. Nesse contexto, é imprescindível compreender as diversas abordagens propostas por ele, as quais abrangem uma ampla gama de aspectos relacionados a essas plantas. Por meio dessa classificação, é possível adquirir um entendimento mais aprofundado sobre a diversidade e as características singulares desse conjunto de vegetais.

Uma das maneiras de classificar as hortaliças, segundo Filgueira (1981), é considerar suas características morfológicas. Essa classificação engloba fatores como a forma das folhas, o tamanho e a cor das raízes, bem como a estrutura das flores, entre outros elementos. Ao analisar tais aspectos, torna-se viável identificar diferentes grupos de hortaliças e compreender as particularidades inerentes a cada um deles.

Para além da classificação morfológica, Filgueira (1981) também sugere uma classificação das hortaliças com base em suas características nutricionais. Nesse sentido, são considerados elementos como o valor nutricional, a presença de vitaminas e minerais, bem como a composição de macronutrientes, como carboidratos, proteínas e lipídios. Essa classificação possui relevância no entendimento do potencial nutricional das hortaliças e sua contribuição para uma alimentação saudável.

CLASSIFICAÇÃO PELAS PARTES COMESTÍVEIS

A classificação pelas partes comestíveis é uma abordagem que possui a vantagem de agrupar plantas que compartilham características semelhantes em relação à pós-colheita e, frequentemente, também em relação ao aspecto agronômico. Essa classificação se baseia na parte da planta que é consumida como alimento, seja a raiz, o caule, as folhas, as flores ou os frutos. Ao considerar essa perspectiva, é possível compreender melhor as propriedades e os cuidados específicos relacionados à manipulação e ao armazenamento dessas hortaliças. Além disso, essa classificação facilita a identificação de diferentes tipos de cultivos e suas respectivas particularidades gastronômicas.

Hortaliças Tuberosas - Tesouros Ocultos da Terra

No imenso domínio das hortaliças, há um conjunto fascinante que esconde suas riquezas abaixo da terra. São as hortaliças tuberosas, cujas partes valiosas, desenvolvidas pelo ser humano, se encontram no interior do solo ou ao seu nível. Esses tesouros subterrâneos abrangem tubérculos, rizomas, bulbos e raízes tuberosas, cada um com suas peculiaridades singulares e sabores diferenciados. Nesse vasto reino oculto, uma miríade de surpresas aguardam aqueles que se aventuram a descobri-las.

Os tubérculos são verdadeiros protagonistas desse grupo. A batata e o cará, por exemplo, são exemplos notáveis de alimentos que emergem do solo para encantar nossos paladares. Esses tesouros subterrâneos são verdadeiras reservas de energia, ricos em nutrientes essenciais como carboidratos, vitaminas e minerais. Com suas diferentes texturas e sabores, os tubérculos são capazes de conquistar o coração de qualquer apreciador da boa gastronomia.

Uma verdadeira maravilha do mundo tuberoso são os rizomas, especialmente o inhame. Os rizomas são estruturas subterrâneas adaptadas que armazenam nutrientes essenciais para o crescimento das plantas. Eles crescem misteriosamente sob o solo, até que sejam revelados e apreciados por nós. O inhame, com sua carne suculenta e sabor inconfundível, é um autêntico tesouro que a terra nos presenteia, satisfazendo os amantes de uma dieta saudável e saborosa.

Os bulbos também merecem um lugar de destaque nesse universo de hortaliças tuberosas. A cebola e o alho, por exemplo, são bulbos conhecidos em todo o mundo. Essas hortaliças concentram seus sabores característicos e propriedades nutritivas em camadas que se formam dentro do solo. Quando trazidos à luz, revelam um potencial culinário sem igual, capaz de transformar qualquer prato simples em uma experiência gastronômica marcante.

Além dos tubérculos, rizomas e bulbos, há ainda as raízes tuberosas, uma variedade impressionante de hortaliças que despontam no subsolo. Cenoura, beterraba, batata-doce, mandioquinha-salsa, rabanete e rábano são apenas algumas das raízes tuberosas que nos presenteiam com sua versatilidade e sabor único. Esses alimentos são verdadeiros campeões nutricionais, repletos de vitaminas, minerais e fibras que contribuem para uma alimentação equilibrada.

A cada escavação na terra, uma surpresa aguarda o cultivador. Sob a superfície, encontramos essas hortaliças tuberosas, guardiãs de nutrientes e sabores que nos conectam com a natureza de forma especial. Seja em receitas sofisticadas ou pratos caseiros, as hortaliças tuberosas têm o poder de encantar nosso paladar e nutrir nosso corpo.

Ao explorar o universo das hortaliças tuberosas, descobrimos a magia escondida sob o solo. Cada escavação revela uma riqueza gastronômica que nos permite apreciar a diversidade da natureza e a genialidade do seu design. Esses tesouros subterrâneos são uma verdadeira dádiva, oferecendo-nos saúde, sabor e inspiração em cada garfada.

Tubérculos: batata, cará.
Rizomas: inhame.
Bulbos: cebola, alho.
Raízes tuberosas: cenoura, beterraba, batata-doce, mandioquinha-salsa, rabanete, rábano.

Hortaliças Herbáceas - Delícias Suculentas Acima do Solo

As hortaliças herbáceas são um grupo fascinante de plantas que nos presenteiam com partes suculentas e tenras, desenvolvendo-se acima do nível do solo. Suas folhas, talos e hastes, bem como flores e inflorescências, são apreciadas por sua textura e sabor. Entre as hortaliças herbáceas de folhas, encontramos uma variedade impressionante de opções. A alface, com suas folhas crocantes e refrescantes, é um clássico em saladas e sanduíches. O almeirão e a chicória trazem um sabor levemente amargo, perfeito para dar um toque especial a pratos quentes. O repolho, com sua consistência firme e versatilidade culinária, é utilizado em diversas preparações, desde saladas até pratos cozidos. Já a couve e a couve-de-Bruxelas apresentam folhas densas e nutritivas, que podem ser refogadas, cozidas ou até mesmo consumidas cruas em saladas. A acelga, com suas folhas verdes e talos coloridos, agrega cor e sabor a qualquer refeição. Por fim, o espinafre europeu e o espinafre da Nova Zelândia são opções ricas em nutrientes e sabor, podendo ser utilizados tanto em pratos quentes quanto frios. Não podemos esquecer da taioba, uma planta típica do Brasil, cujas folhas são apreciadas em diversas receitas tradicionais.

Os talos e hastes das hortaliças herbáceas também nos oferecem sabores e texturas únicas. O aspargo, famoso por seu sabor delicado e textura macia, é uma opção refinada que pode ser preparada de diversas maneiras. O aipo, com seu sabor suave e crocância, é frequentemente utilizado em sopas, saladas e sucos. O funcho, com seu aroma adocicado, é apreciado tanto pelos talos quanto pelas sementes, e é utilizado em diversos pratos da culinária mediterrânea. O couve-rábano, com seu talo suculento e sabor levemente picante, é uma opção versátil que pode ser consumida crua ou cozida, adicionando um toque especial a saladas e refogados.

Por fim, as flores e inflorescências das hortaliças herbáceas nos encantam com suas formas e sabores distintos. A couve-flor, com sua cabeça compacta e branca, é um ingrediente versátil que pode ser cozido, assado ou utilizado em preparações como purês e gratinados. Os couve-brócolos ou couve-brócolis, parentes próximos da couve-flor, apresentam floretes verdes e sabor intenso, podendo ser cozidos, salteados ou adicionados a massas e saladas. A alcachofra, com suas pétalas carnudas e sabor levemente amargo, é uma iguaria apreciada por sua textura única e propriedades digestivas.

A diversidade de hortaliças herbáceas nos brinda com uma riqueza de sabores, texturas e nutrientes. Cada uma dessas plantas traz consigo sua história, características únicas e um mundo de possibilidades culinárias. Ao explorar essas maravilhas vegetais, podemos ampliar nossa dieta, experimentar novos sabores e obter benefícios para nossa saúde. Portanto, não hesite em incluir essas hortaliças herbáceas em suas refeições diárias e descobrir todo o potencial gastronômico que elas têm a oferecer.

Folhas: alface, almeirão, chicória, repolho, couve, couve-de-Bruxelas, acelga, couve-chinesa, espinafre europeu, espinafre da Nova Zelândia, taioba.
Talos e hastes: aspargo, aipo, funcho, couve-rábano.
Flores e inflorescências: couve-flor, couve-brócolos, alcachofra.

Hortaliças-Frutos: Uma Deliciosa Variedade de Sabores

As hortaliças-frutos são plantas cuja parte consumida pelo ser humano são os frutos ou pseudofrutos colhidos imaturos ou maduros, proporcionando uma incrível diversidade de sabores e nutrientes. Nesta categoria, encontramos tanto frutos imaturos quanto frutos maduros, cada um com suas características e aplicações culinárias distintas.

Os frutos imaturos são aqueles colhidos antes de atingirem sua plena maturação, quando ainda estão verdes e firmes. Esses frutos têm um sabor mais suave e textura mais firme, sendo utilizados em diversas preparações culinárias. Entre as hortaliças-frutos imaturas mais populares, temos:

Abobrinha: Com sua casca verde brilhante e polpa tenra, a abobrinha é um exemplo de hortaliça-fruto imatura muito apreciada na culinária. Pode ser preparada refogada, grelhada, em sopas, assada no forno ou até mesmo consumida crua em saladas.

Quiabo: O quiabo é um fruto imaturo conhecido por sua textura viscosa e sabor característico. É amplamente utilizado em pratos tradicionais, como o famoso "quiabo com carne" e o "caruru", além de ser um ingrediente essencial em sopas e ensopados.

Berinjela: Com sua pele roxa profunda e formato peculiar, a berinjela é um fruto imaturo versátil na culinária. Pode ser grelhada, assada, refogada, recheada, transformada em antepastos e muito mais. Sua polpa macia e sabor suave a tornam uma escolha popular em diversas culturas culinárias.

Jiló: O jiló é um fruto imaturo de cor verde-claro a verde-escuro e sabor levemente amargo. É utilizado em pratos como o "jiló refogado", "jiló recheado" e até mesmo em conservas. Sua presença é marcante em muitas receitas típicas brasileiras.

Ervilha-torta, ervilha tipo coração de manteiga e ervilha de grãos verdes: Estas ervilhas são consumidas quando ainda estão em estágio de fruto imaturo, sendo que apenas suas sementes são consumidas. São ingredientes comuns em saladas, sopas, risotos e diversos pratos da culinária internacional.

Feijão-vagem e vagem-de-metro: As vagens do feijão-vagem e da vagem-de-metro são colhidas imaturas, antes do desenvolvimento das sementes, e são apreciadas por sua textura crocante e sabor suave. São frequentemente utilizadas em refogados, salteados, ensopados e como acompanhamento em diversos pratos.

Pimentão verde: O pimentão verde, colhido antes de amadurecer, possui uma coloração vibrante e sabor levemente amargo. É um ingrediente essencial em diversos pratos, como saladas, refogados, molhos e recheios.

Milho-verde e milho-doce: O milho-verde é o fruto imaturo do milho, colhido antes de atingir a maturação completa. É apreciado por seu sabor adocicado e textura suculenta, sendo utilizado em pratos como pamonha, curau, saladas, cremes e muito mais.

Já os frutos maduros das hortaliças-frutos são aqueles colhidos quando estão completamente desenvolvidos e atingiram sua plena maturação. Eles são caracterizados por sua cor vibrante e sabor mais intenso. Alguns exemplos de hortaliças-frutos maduras incluem:

Abóboras e morangas: Esses frutos são amplamente utilizados na culinária, tanto para preparações doces quanto salgadas. Podem ser assados, cozidos, transformados em sopas, purês, tortas, pães e uma variedade de outras delícias.

Melancia e melão: Essas frutas suculentas e refrescantes são muito apreciadas durante o verão. Consumidas in natura, em saladas, sucos ou até mesmo em sobremesas, como sorvetes e geleias.

Morango (pseudofruto): O morango é uma hortaliça-fruto peculiar, pois sua parte comestível não é exatamente o fruto em si, mas sim o receptáculo floral inchado, conhecido como pseudofruto. É utilizado em diversas preparações culinárias, como sobremesas, geleias, tortas e saladas.

Pimentão (vermelho e amarelo): Quando os pimentões amadurecem, eles adquirem uma coloração vermelha ou amarela, ficam mais adocicados e seu sabor se intensifica. São ingredientes muito versáteis, utilizados em pratos assados, refogados, grelhados, recheados e em molhos.

Tomate: O tomate é um dos frutos mais consumidos em todo o mundo. De sabor ácido e adocicado, pode ser utilizado em saladas, molhos, sucos, sopas, pizzas e em uma infinidade de receitas. Existem diversas variedades de tomates, cada uma com suas características de sabor, cor e textura.

As hortaliças-frutos oferecem uma riqueza de sabores, texturas e nutrientes ao ser humano. Seja consumindo os frutos imaturos ou maduros, é possível explorar uma infinidade de possibilidades culinárias e beneficiar-se de seus valores nutricionais. Essas hortaliças são uma escolha saudável e deliciosa para compor nossas refeições diárias. Portanto, aproveite toda a diversidade que as hortaliças-frutos têm a oferecer e desfrute de uma alimentação equilibrada e saborosa!

Frutos imaturos: Abobrinha, quiabo, berinjela, jiló, ervilha-torta, ervilha tipo coração de manteiga e ervilha de grãos verdes (frutos colhidos imaturos, mas somente sementes são consumidas), feijão-vagem, vagem-de-metro, pimentão (verde), milho-verde, milho-doce.

Frutos maduros: Abóboras, morangas, melancia, melão, morango (pseudofruto), pimentão (vermelho e amarelo), tomate.

Classificação Baseada nas Famílias Botânicas

Na nossa busca por uma classificação mais precisa e estável das hortaliças, encontramos um método promissor: a classificação baseada nas famílias botânicas. Esse tipo de classificação utiliza critérios taxonômicos cientificamente reconhecidos, o que torna o processo mais confiável e consistente. Uma das grandes vantagens dessa abordagem é a sua utilidade na agrupação de gêneros que frequentemente enfrentam desafios semelhantes, como doenças e pragas. Ao agrupar hortaliças por suas famílias botânicas, é possível identificar padrões e características compartilhadas, facilitando a compreensão das necessidades de cada grupo.

Esse método permite que cientistas e agricultores compartilhem conhecimentos mais precisos e desenvolvam estratégias eficientes de manejo, combate a pragas e prevenção de doenças. Além disso, essa classificação também nos permite explorar as relações evolutivas entre as diferentes espécies de hortaliças, contribuindo para uma compreensão mais profunda da biodiversidade e da natureza.

Família Liliaceae

A família Liliaceae, uma das famílias mais importantes do reino vegetal, é composta por uma variedade de espécies fascinantes, incluindo algumas que são amplamente utilizadas na culinária e conhecidas por seus sabores e aromas distintos. Entre essas espécies, destacam-se a cebola, a cebolinha, o alho e o alho-poró, que são hortaliças valiosas, tanto em termos de sabor quanto de benefícios à saúde.

A cebola (Allium cepa), por exemplo, é um ingrediente fundamental na cozinha ao redor do mundo. Sua presença é sentida em inúmeros pratos, proporcionando um sabor único e marcante. Além disso, a cebola possui propriedades antioxidantes, anti-inflamatórias e antimicrobianas, o que contribui para a manutenção da saúde do nosso organismo.

Já a cebolinha (Allium schoenoprasum) é conhecida por seu sabor suave e delicado, sendo frequentemente utilizada como tempero em saladas, sopas e pratos quentes. Além de seu valor culinário, a cebolinha possui propriedades antioxidantes e anti-inflamatórias, além de ser rica em vitaminas e minerais essenciais para a saúde do nosso organismo.

O alho (Allium sativum) é uma das plantas mais fascinantes e versáteis encontradas na natureza. Sua presença na culinária e na medicina tradicional é amplamente reconhecida e apreciada. Com um sabor e aroma intensos, ele acrescenta uma dimensão única aos pratos. Mas o alho vai além do paladar, oferecendo benefícios surpreendentes à saúde. Suas propriedades antimicrobianas, antioxidantes e anti-inflamatórias são notáveis, e elas desempenham um papel vital na redução do colesterol, no fortalecimento do sistema imunológico e na prevenção de doenças cardiovasculares.

O alho-poró (Allium porrum) apresenta um sabor delicado e sutilmente adocicado, tornando-se um ingrediente versátil em sopas, refogados e uma variedade de pratos culinários. Para além de seu valor gastronômico, o alho-poró é uma fonte rica em vitaminas, minerais e fibras alimentares, proporcionando benefícios à saúde digestiva e ao fortalecimento do sistema imunológico. Sua presença na culinária não apenas enriquece os sabores, mas também contribui para uma dieta equilibrada e nutritiva, promovendo o bem-estar e a vitalidade.

Para além das suas virtudes culinárias, as espécies pertencentes à família Liliaceae revelam-se portadoras de propriedades benéficas para a saúde, decorrentes da presença de compostos bioativos na sua composição. Estes compostos, ao que tudo indica, poderão contribuir na prevenção de enfermidades, fomentar o bem-estar cardiovascular, robustecer o sistema imunitário e exercer funções antioxidantes e anti-inflamatórias.

A família Liliaceae é realmente extraordinária, revelando uma diversidade de espécies que não só cativam nossos paladares com seus sabores singulares, mas também promovem um estilo de vida saudável. Cebola, cebolinha, alho e alho-poró são apenas alguns dos exemplos dessas preciosidades vegetais, que nos agraciam com suas características únicas e propriedades benéficas. Sua influência na culinária e na medicina é notável, agregando uma dimensão fascinante a essas plantas fascinantes. Suas múltiplas formas e cores, juntamente com suas composições nutricionais e potencialidades terapêuticas, tornam a família Liliaceae um tesouro diversificado e surpreendente a ser explorado e apreciado.

Família Apiaceae

A Família Apiaceae, também conhecida como Umbelliferae, é uma família de plantas pertencente à classe Magnoliopsida e à ordem Apiales. Com mais de 300 gêneros e mais de 3.000 espécies diferentes, essa família é bastante diversificada e notável pela presença de várias hortaliças populares e saborosas.

Dentre as hortaliças mais conhecidas da Família Apiaceae, a cenoura ocupa um lugar especial. A cenoura (Daucus carota), juntamente com outras plantas como a batata-baroa, o aipo, o funcho, a salsa e o coentro, são exemplos notáveis de alimentos provenientes dessa família botânica. Essas hortaliças são apreciadas em diversas culinárias ao redor do mundo, devido às suas características distintas e sabores únicos.

A cenoura, em particular, é amplamente utilizada na culinária de diferentes culturas. Ela pode ser consumida crua, inteira, ou como parte de saladas. Além disso, as cenouras são frequentemente cozidas em sopas, refogados e pratos diversos, adicionando sabor, cor e nutrientes às preparações. É importante destacar que, enquanto a parte folhosa da planta geralmente não é consumida, as raízes da cenoura são ricas em fibra dietética, antioxidantes, minerais e β-caroteno, que é responsável pela coloração alaranjada característica.

A batata-baroa, cientificamente conhecida como Arracacia xanthorrhiza e popularmente chamada de mandioquinha-salsa, é uma hortaliça pertencente à Família Apiaceae. Essa raiz possui um sabor delicado e adocicado, o que a torna muito apreciada na culinária. Sua versatilidade permite que ela seja utilizada em uma ampla variedade de preparações gastronômicas. Você pode encontrá-la em sopas, purês, assados e como acompanhamento em diversos pratos, como carnes, aves e peixes. Sua textura macia e consistência cremosa após o cozimento tornam-na uma opção versátil e nutritiva para incluir em sua dieta. Além disso, a batata-baroa é rica em carboidratos, fibras, vitaminas e minerais, contribuindo para uma alimentação balanceada e saudável.

O aipo, uma hortaliça de sabor marcante e textura crocante, é amplamente apreciado por suas características distintas. Suas hastes fibrosas são amplamente utilizadas em diversas preparações culinárias, proporcionando um toque especial aos pratos. Além de sua popularidade em saladas, o aipo também desempenha um papel importante em sucos nutritivos, onde seus nutrientes e propriedades benéficas são melhor explorados. Sua presença marcante pode ser encontrada como ingrediente aromático em sopas e caldos, adicionando um sabor único e enriquecedor. Essa versatilidade do aipo permite explorar diferentes possibilidades gastronômicas e desfrutar de seus benefícios nutricionais em várias formas de preparo.

O funcho, também conhecido como erva-doce, é uma hortaliça que possui um aroma e sabor anisado muito apreciados. Sua utilização na culinária é bastante diversificada, sendo comumente encontrado em pratos da cozinha mediterrânea. Suas folhas, bulbos e sementes são utilizados em diversas preparações culinárias, agregando um toque especial aos pratos. Além disso, o funcho também possui propriedades medicinais, auxiliando na digestão e proporcionando alívio para dores de estômago. Sua versatilidade e aroma marcante o tornam um ingrediente valorizado em saladas, peixes assados, pães e sobremesas.

A salsa (Petroselinum crispum), uma planta herbácea pertencente à família das Apiaceae, é amplamente conhecida e apreciada em várias partes do mundo devido ao seu sabor refrescante e aroma marcante. Essa erva popular é utilizada como tempero em diversos pratos, como saladas, sopas, molhos e marinadas, destacando-se por sua versatilidade. Além disso, a salsa possui propriedades medicinais e pode ser cultivada tanto como planta bienal quanto anual. Recomenda-se o uso fresco para preservar suas características aromáticas. Em síntese, a salsa (Petroselinum crispum) é uma erva aromática versátil, valorizada na culinária e com benefícios para a saúde.

O coentro (Coriandrum sativum L.) é uma erva aromática amplamente utilizada na culinária mexicana, indiana, tailandesa e brasileira. Suas folhas e sementes conferem um sabor característico, descrito como terroso e cítrico, e são ingredientes populares em pratos como guacamole, curry, ceviche e salsas. Além de seu valor gastronômico, o coentro também possui propriedades medicinais e é rico em compostos fenólicos, carotenóides, taninos, flavonoides e saponinas, que podem contribuir para a saúde cardiovascular e o controle dos níveis de glicose no sangue. Apesar de algumas pessoas terem aversão ao seu sabor, o coentro continua sendo uma erva amplamente apreciada por seu aroma distintivo e suas qualidades culinárias e medicinais.

Essas hortaliças da Família Apiaceae não apenas agregam sabor e aroma às preparações culinárias, mas também são fontes de nutrientes importantes. Elas fornecem fibras dietéticas, antioxidantes e uma variedade de vitaminas e minerais essenciais para uma alimentação saudável.

Através da utilização dessas hortaliças em nossa dieta diária, podemos desfrutar de uma ampla gama de sabores e benefícios para a saúde. Seja apreciando a doçura da cenoura, a crocância do aipo, o aroma do funcho, o frescor da salsa ou a complexidade do coentro, as hortaliças da Família Apiaceae nos convidam a explorar e experimentar novos sabores e combinações em nossa culinária.

Família Brassicaceae

A família Brassicaceae, também conhecida como Cruciferae, é uma família botânica de médio porte e de grande importância econômica, composta por uma ampla variedade de plantas com flores. Comumente conhecidas como as mustards, as crucíferas ou a família das couves, essas plantas são amplamente cultivadas e apreciadas em todo o mundo. A família Brassicaceae abrange tanto plantas herbáceas quanto arbustos, com folhas simples e algumas vezes profundamente incisas, dispostas alternadamente sem estípulas ou em rosetas foliares. Suas inflorescências terminais não possuem brácteas e contêm flores com quatro pétalas em forma de cruz.

Dentro da família Brassicaceae, podemos encontrar uma variedade de hortaliças que são amplamente consumidas em todo o mundo. Esses vegetais incluem a couve-manteiga, couve-tronchuda, repolho, couve-flor, brócolis, couve-de-Bruxelas, repolho crespo, couve-rábano, couve-chinesa, mostardas, nabo, rabanete, rábano, agrião e rúcula. Além de serem deliciosos e versáteis na culinária, esses alimentos são conhecidos por seus diversos benefícios à saúde. São ricos em nutrientes essenciais, como vitaminas, minerais e fibras, além de possuírem propriedades antioxidantes e anticancerígenas. Sua ingestão regular está associada a uma série de benefícios, incluindo a redução do risco de doenças cardíacas, câncer e inflamação.

A família Brassicaceae compreende uma quantidade significativa de gêneros e espécies. Os números exatos podem variar dependendo dos critérios taxonômicos adotados. De acordo com diferentes estudos, foram listados de 336 a 419 gêneros e de 3000 a 4130 espécies. Essa diversidade é atribuída à subdivisão da família em 25 a 44 tribos. Entre os gêneros encontrados na família, destaca-se o gênero Lepidium, que possui mais de 40 espécies em todo o mundo. No Brasil, uma espécie conhecida desse gênero é o mastruço bravo maior (Lepidium ruderale).

A família Brassicaceae, também chamada de Cruciferae, é uma família botânica de grande relevância econômica e composta por plantas de tamanho médio. Ela engloba uma diversidade ampla de vegetais frequentemente consumidos, como couve-manteiga, repolho, brócolis, couve-de-Bruxelas, entre outros. Esses alimentos são reconhecidos por seus benefícios à saúde, pois são abundantes em nutrientes e apresentam propriedades antioxidantes e anticancerígenas. Ademais, a família Brassicaceae abarca múltiplos gêneros e espécies, inclusive plantas ornamentais e ervas daninhas.

Família Cichoriaceae

A família Cichoriaceae, também conhecida como Compositae, é uma família botânica que engloba diversas espécies de plantas, entre elas a alface, o almeirão, a chicória e a endívia. Essas hortaliças folhosas são amplamente consumidas em todo o mundo e são valorizadas tanto por seu sabor quanto por seu valor nutricional. Elas são consideradas uma ótima fonte de vitaminas e minerais essenciais para uma dieta saudável.

A alface, por exemplo, é uma das hortaliças mais populares e versáteis, sendo consumida tanto em saladas quanto em sanduíches. Rica em fibras, vitaminas A, C e K, além de minerais como ferro e cálcio, a alface contribui para a saúde dos ossos, a manutenção do sistema imunológico e a saúde ocular.

O almeirão, por sua vez, apresenta folhas verdes robustas e sabor amargo característico. É uma excelente fonte de fibras e contém vitaminas A, C, K e do complexo B, além de minerais como cálcio, ferro e potássio. O almeirão é amplamente utilizado na culinária, seja em saladas, refogados ou sopas.

A chicória, também conhecida como escarola, possui origem incerta, sendo atribuída à Índia, China ou Egito. Pertencente à família Asteraceae, a mesma da alface e do almeirão, a chicória tem baixo valor calórico, o que a torna uma excelente opção para dietas de emagrecimento. Além disso, a chicória é uma significativa fonte de vitaminas A e do complexo B, além de minerais como cálcio, magnésio e potássio.

Já a endívia é uma planta da família Asteraceae, próxima da chicória e do radicchio. Ela possui folhas com um sabor levemente amargo e é bastante utilizada na culinária, seja em saladas, refogados ou como acompanhamento de outros pratos. Assim como as demais hortaliças folhosas da família Cichoriaceae, a endívia é rica em vitaminas e minerais essenciais para o bom funcionamento do organismo.

A família Cichoriaceae, ou Compositae, é amplamente estudada por cientistas em todo o mundo, e a International Compositae Alliance (TICA) é uma rede global de cientistas dedicados ao estudo dessa família de plantas. A TICA foi idealizada pela renomada cientista Vicki Funk, que teve a ideia de criar um grupo para promover a colaboração e o avanço do conhecimento sobre a família Compositae. Essa família é considerada uma das maiores famílias de plantas vasculares do planeta.

Em resumo, as hortaliças folhosas da família Cichoriaceae, como a alface, o almeirão, a chicória e a endívia, são não apenas deliciosas e versáteis na culinária, mas também oferecem benefícios nutricionais significativos. Elas são excelentes fontes de vitaminas, minerais e fibras, que são essenciais para uma dieta equilibrada e uma vida saudável. Portanto, incluir essas hortaliças em nossa alimentação diária pode contribuir para a promoção da saúde e do bem-estar.

Família Cucurbitáceas

No vasto mundo das plantas, existe uma família que se destaca por sua diversidade e pelo sabor refrescante de seus frutos. Estamos falando da família das Cucurbitáceas, um grupo fascinante que abriga uma ampla variedade de hortaliças de fruto, como o pepino, maxixe, melão, abóboras, abobrinhas, morangas, morangos, melancia e chuchu. Essas hortaliças são apreciadas em todo o mundo por suas características únicas e versatilidade culinária.

Com mais de 800 espécies diferentes, as Cucurbitáceas são plantas herbáceas, de crescimento rápido e perenes. Elas apresentam talos grandes, não lenhosos, com gavinhas enroladas em espiral, o que lhes confere um charme peculiar. Seus frutos são cobertos por uma casca, que pode variar em textura, cor e tamanho, de acordo com a espécie.

Uma das características mais notáveis das hortaliças da família das Cucurbitáceas é sua facilidade de cultivo. Devido a essa característica, muitas espécies e cultivares têm uma importância econômica significativa, embora isso seja frequentemente subestimado. Elas são comumente utilizadas como alimento pelos próprios cultivadores e para comercialização local em sistemas agrícolas pequenos e sustentáveis. Infelizmente, os dados estatísticos desses sistemas são geralmente ignorados.

Além disso, as cucurbitáceas são ideais para o uso comercial, sendo destinadas principalmente à venda. Suas propriedades únicas, como o sabor refrescante e a textura suculenta, tornam-nas populares em saladas, sucos e várias preparações culinárias. Com uma oferta tão diversa de hortaliças, é possível explorar inúmeras combinações e sabores deliciosos na cozinha.

Dentre as cucurbitáceas mais conhecidas, temos o pepino, que é frequentemente utilizado em saladas e conservas, adicionando um toque de frescor e crocância. O melão, por sua vez, é uma fruta saborosa e perfumada, amplamente apreciada como sobremesa ou em sucos refrescantes. As abóboras e abobrinhas são ingredientes versáteis na culinária, podendo ser utilizadas em pratos doces e salgados, como sopas, bolos e refogados. Já o chuchu, com seu sabor suave, é frequentemente utilizado em saladas e pratos cozidos. Essas são apenas algumas das maravilhas que a família das Cucurbitáceas nos oferece.

No Brasil, as cucurbitáceas desempenham um papel importante na produção de alimentos e fibras. Com aproximadamente 30 gêneros e 200 espécies presentes no país, essa família mostra uma grande variabilidade genética e uma distribuição tropical e subtropical. Essa diversidade é uma verdadeira riqueza para a agricultura brasileira, oferecendo opções nutritivas e saborosas para os consumidores.

É importante ressaltar que, embora as hortaliças da família das Cucurbitáceas sejam amplamente conhecidas, muitas vezes seus nomes complexos e a quantidade de espécies dificultam o reconhecimento e a apreciação dessas plantas. No entanto, conhecer algumas famílias de alimentos é sempre relevante, pois facilita a identificação de suas características e agiliza a seleção dos produtos desejados. Ao explorar as cucurbitáceas, é possível desfrutar de uma ampla gama de sabores, texturas e cores que enriquecem nossa experiência gastronômica.

As cucurbitáceas são verdadeiros tesouros da natureza, oferecendo uma infinidade de possibilidades culinárias e nutricionais. Sua facilidade de cultivo, diversidade e importância econômica fazem delas uma presença marcante em nossa alimentação. Que possamos valorizar e explorar essas maravilhas da família das Cucurbitáceas, descobrindo novos sabores e trazendo um toque refrescante às nossas refeições.

A próxima vez que você saborear uma salada crocante de pepinos frescos ou se deliciar com uma fatia suculenta de melão, lembre-se de que está desfrutando dos frutos dessa família extraordinária, as Cucurbitáceas.

Família Fabaceae

A família Fabaceae, também conhecida como Leguminosae, é uma das maiores famílias de Angiospermas do mundo, compreendendo aproximadamente 650 gêneros e cerca de 18.000 espécies em todo o planeta. No Brasil, ocorrem cerca de 200 gêneros e 1.500 espécies dessa família. Essa família possui uma distribuição cosmopolita e desempenha um papel importante do ponto de vista econômico.

As plantas pertencentes à família Fabaceae apresentam uma série de características distintas. Por exemplo, elas são geralmente polinizadas por insetos, o que torna suas flores chamativas para atrair os polinizadores. O cálice das flores pode ser gamossépalo ou raramente dialissépalo, e a corola apresenta pétalas livres ou conatas. Além disso, essa família é conhecida por sua capacidade de fixar nitrogênio no solo por meio de uma relação simbiótica com bactérias do gênero Rhizobium, o que contribui para a fertilidade do solo.

No Brasil, a família Fabaceae possui uma grande importância na flora nativa. Na região sul do país, por exemplo, existem 735 espécies dessa família, sendo 221 no bioma Pampa e 514 no bioma Mata Atlântica. As plantas dessa família, conhecidas como leguminosas, desempenham um papel fundamental na qualidade das pastagens, sendo uma importante fonte de alimento e nutrição para o gado. Além disso, algumas leguminosas são cultivadas como alimentos para consumo humano, como o feijão-de-vagem, o feijão-de-lima, a ervilha, o feijão-de-corda e a vagem-de-metro. Essas hortaliças são ricas em proteínas vegetais, fibras e outros nutrientes essenciais, tornando-as importantes para uma alimentação equilibrada.

Outra leguminosa amplamente conhecida e consumida no Brasil é o feijão. O feijão é um nome comum para uma variedade de sementes de plantas pertencentes à família Fabaceae. Ele é uma fonte importante de nutrientes essenciais, como proteínas, ferro, cálcio, vitaminas do complexo B, carboidratos e fibras. A combinação tradicional de arroz com feijão é um elemento marcante da culinária brasileira e da América Central.

Além de seu valor nutricional e econômico, as leguminosas da família Fabaceae também desempenham um papel importante na agricultura sustentável. Como mencionado anteriormente, essas plantas têm a capacidade de fixar nitrogênio no solo, o que reduz a necessidade de fertilizantes nitrogenados sintéticos e contribui para a saúde do ecossistema agrícola.

Em resumo, a família Fabaceae, também conhecida como Leguminosae, é uma das maiores e mais importantes famílias de plantas do mundo. No Brasil, ela apresenta uma grande diversidade de espécies e desempenha um papel significativo tanto na natureza quanto na alimentação humana e animal. Suas hortaliças são ricas em nutrientes essenciais, como proteínas vegetais e fibras, contribuindo para uma alimentação equilibrada. A família Fabaceae também é conhecida por sua capacidade de fixar nitrogênio no solo, o que tem um impacto positivo na agricultura sustentável.

Família Solanaceae

A família Solanaceae é uma família botânica que abrange diversas espécies de plantas. Nessa família, encontramos hortaliças populares e amplamente consumidas em várias partes do mundo. Algumas das hortaliças mais conhecidas pertencentes à família Solanaceae incluem batata, tomate, berinjela, jiló, pimentão e diferentes tipos de pimentas.

A batata (Solanum tuberosum L.) é nativa da América do Sul, mais especificamente da Cordilheira dos Andes. Ela é consumida há mais de 8.000 anos por populações nativas da região, sendo adaptada aos dias curtos da região andina. A introdução da batata na Europa por volta de 1570 foi um marco importante, levando à seleção da espécie para a tuberização e ao seu cultivo em larga escala.

Além da batata, o tomate (Solanum lycopersicum) é outra hortaliça amplamente cultivada e consumida em todo o mundo. Originário da América do Sul, o tomate foi domesticado pelos povos indígenas há milhares de anos e atualmente é um ingrediente essencial em muitos pratos da culinária global.

A berinjela (Solanum melongena) é outra hortaliça pertencente à família Solanaceae. Originária da Índia, a berinjela é amplamente cultivada e consumida em todo o mundo. Ela possui uma variedade de formas e cores, sendo um ingrediente versátil em várias preparações culinárias, como moussakas, parmegianas e antepastos.

O jiló (Solanum gilo) também é um membro da família Solanaceae e é popular em várias culinárias, especialmente na culinária brasileira. Ele possui uma cor verde escura e é conhecido pelo seu sabor amargo. O jiló é utilizado em pratos como refogados, ensopados e conservas.

O pimentão (Capsicum annuum) é outro membro importante da família Solanaceae. Existem diferentes variedades de pimentão, incluindo pimentões vermelhos, amarelos e verdes. Eles são utilizados em diversos pratos, como saladas, refogados, sopas e molhos, proporcionando sabor e cor às preparações culinárias.

Além dessas hortaliças, a família Solanaceae também inclui diversos tipos de pimentas, como a pimenta-de-cheiro, a pimenta-dedo-de-moça, a pimenta-malagueta, entre outras. As pimentas são amplamente utilizadas na culinária para conferir sabor e ardência aos pratos.

As hortaliças da família Solanaceae possuem grande importância na alimentação humana devido ao seu valor nutricional. Elas são fontes de vitaminas, minerais, fibras alimentares e compostos antioxidantes, além de possuírem diversas propriedades sensoriais e funcionais que contribuem para a diversidade e qualidade da alimentação.

    A família Solanaceae é composta por uma variedade de hortaliças amplamente consumidas, como a batata, o tomate, a berinjela, o jiló, o pimentão e diferentes tipos de pimentas. Essas hortaliças são valorizadas por seu sabor e versatilidade culinária, desempenhando um papel importante na alimentação humana.

OUTROS CRITÉRIOS DE CLASSIFICAÇÃO

Neste capítulo, adentramos em uma análise mais profunda sobre os critérios de classificação das hortaliças, indo além dos critérios comumente utilizados. Um desses critérios é o critério popular, que se baseia na forma como as pessoas identificam e denominam as hortaliças em seu dia a dia. Essa classificação popular pode variar consideravelmente de região para região, refletindo as particularidades culturais e linguísticas de cada localidade. Veremos como o conhecimento tradicional e o uso popular dos nomes das hortaliças podem influenciar na categorização dessas plantas e como isso pode ser relevante tanto para a compreensão dos sistemas de cultivo locais quanto para a promoção da diversidade agrícola.

Outro critério a ser abordado neste capítulo é o critério climático, que considera as necessidades específicas de temperatura, umidade e luminosidade das hortaliças. Essas plantas têm diferentes adaptações climáticas, e o critério climático permite classificá-las de acordo com as condições ideais para seu desenvolvimento. Dessa forma, leva-se em conta as variações climáticas de cada região e como elas podem influenciar na seleção e cultivo adequado das hortaliças. Exploraremos como a compreensão do critério climático pode auxiliar os agricultores na escolha das hortaliças mais apropriadas para o clima de sua região, garantindo melhores resultados e maior eficiência no cultivo.

Ao explorar esses outros critérios de classificação das hortaliças, pretendemos ampliar a compreensão sobre a diversidade dessas plantas e como elas são categorizadas em diferentes contextos. Compreender as classificações populares e climáticas das hortaliças é fundamental tanto para a preservação da tradição cultural e do conhecimento local, quanto para a promoção de práticas agrícolas mais sustentáveis e adaptadas às condições ambientais específicas de cada região.

Critério popular

Era uma vez um mundo repleto de cores, sabores e texturas. Um mundo onde a natureza se manifestava em suas mais diversas formas, alimentando e encantando a todos que a contemplavam. Nesse mundo, havia um grupo especial de alimentos conhecidos como legumes e verduras. Porém, por trás dessa aparente simplicidade, existia uma complexidade que nem todos compreendiam.

Como o próprio nome diz, o critério popular é um método de classificação utilizado por leigos, mas que se mostra pouco preciso e vago. Ao falarmos sobre legumes e verduras, entramos em um território repleto de contradições. Segundo esse critério, a batata seria considerada um legume, mesmo não sendo fruto de leguminosa, e a beterraba seria uma verdura, apesar de não apresentar a coloração verde característica.

No entanto, é importante destacar que esse critério popular carece de fundamentação científica e botânica adequada. A classificação correta desses alimentos está relacionada ao termo "hortaliças", que engloba tanto os legumes quanto às verduras. As hortaliças são plantas ou partes de plantas que são consumidas pelo homem, sejam elas raízes, folhas, flores, caules ou frutos.

A batata, por exemplo, é uma hortaliça que pertence à família das solanáceas, e seu consumo é amplamente difundido em diversas culturas culinárias ao redor do mundo. Já a beterraba, uma hortaliça da família das quenopodiáceas, possui uma cor avermelhada intensa e é valorizada tanto pelo seu sabor quanto pelos seus benefícios nutricionais.

É compreensível que o critério popular tenha surgido como uma forma simplificada de categorizar os alimentos. No entanto, é fundamental reconhecer a importância de embasar nossas definições em critérios mais precisos e científicos. A classificação adequada das hortaliças é essencial não apenas para o conhecimento botânico, mas também para a promoção de uma alimentação saudável e equilibrada.

Portanto, ao adentrarmos no fascinante mundo das hortaliças, devemos estar conscientes de que a classificação correta vai além do critério popular. A batata pode ser um legume no imaginário popular, mas do ponto de vista botânico e científico, ela é uma hortaliça valiosa. Da mesma forma, a beterraba, mesmo não sendo verde, é uma hortaliça que merece ser apreciada por suas qualidades únicas.

Que possamos valorizar a diversidade e a riqueza que as hortaliças nos oferecem, compreendendo que sua classificação vai além de rótulos simplificados. Vamos explorar os sabores, texturas e cores desse universo fascinante, e deixar que as hortaliças nos inspirem a uma alimentação mais saudável e consciente.

Classificação pelas exigências climáticas

A classificação pelas exigências climáticas é uma ferramenta útil para agrupar cultivares da mesma espécie olerícola com base nas suas necessidades climáticas específicas. Embora esse critério possa não ser altamente preciso, ele auxilia na categorização das plantas de acordo com as condições climáticas ideais para o seu crescimento e desenvolvimento.

Tomando como exemplo algumas culturas específicas, como alface, repolho, couve-flor e cenoura, é possível fazer uma distinção entre as variedades que são mais adequadas para o verão e aquelas que são mais indicadas para o inverno. Isso ocorre porque essas plantas possuem diferentes tolerâncias e preferências em relação às temperaturas e outras características climáticas.

No caso das variedades de alface, repolho, couve-flor e cenoura de verão, elas são mais adaptadas a climas mais quentes e têm maior resistência a temperaturas elevadas. Por outro lado, as variedades de inverno dessas mesmas culturas são mais apropriadas para ambientes mais frios, sendo capazes de suportar temperaturas mais baixas e condições adversas típicas do inverno.

Essa classificação pelas exigências climáticas permite aos agricultores e horticultores selecionar as variedades corretas para cada estação, maximizando assim o potencial de crescimento e produção das plantas. No entanto, é importante ressaltar que outros fatores, como disponibilidade de água, fertilidade do solo e incidência de pragas, também devem ser considerados ao escolher as cultivares mais adequadas para um determinado ambiente.

CONSIDERAÇÕES GERAIS SOBRE O PLANEJAMENTO PARA CULTIVO DE HORTALIÇAS

O planejamento adequado para a horticultura é uma tarefa complexa que envolve uma série de fatores importantes. É preciso levar em consideração o cultivo de espécies que muitas vezes reagem de maneira diferente às condições climáticas distintas. Por exemplo, a cenoura Nantes, cultivar de inverno, é diferente da cenoura Brasília, cultivar de verão. Essas diferenças na sazonalidade e nas preferências climáticas das culturas exigem que os produtores tenham um planejamento detalhado para garantir o sucesso de seus cultivos.

Além disso, o uso intensivo de tecnologia é essencial para o sucesso do cultivo hortícola, incluindo irrigação, pulverização e adubação pesada. A utilização de sistemas de irrigação modernos, como o gotejamento, auxilia no fornecimento adequado de água às plantas, garantindo um crescimento saudável. A pulverização de defensivos agrícolas e fertilizantes também desempenha um papel fundamental na proteção das culturas contra pragas e doenças, além de fornecer os nutrientes necessários para o seu desenvolvimento.

É importante lembrar que os produtos estão sujeitos a diferentes condições de mercado. No Rio de Janeiro, por exemplo, são preferidos tomates mais maduros, enquanto em São Paulo e Minas Gerais, a preferência é por tomates mais verdes. Essa variação nas preferências do consumidor influencia diretamente nas estratégias de comercialização e colheita dos produtores. Da mesma forma, a preferência por tipos específicos de alface também varia de região para região. São Paulo é um grande consumidor de alface do tipo crespa, enquanto em estados como Minas Gerais e Santa Catarina, a maioria do mercado ainda é de alface lisa.

O mercado tem se tornado cada vez mais exigente em relação à qualidade, enquanto os custos de produção têm aumentado, tornando a competitividade uma necessidade para os produtores. Os consumidores estão cada vez mais conscientes da importância de consumir alimentos frescos, seguros e sustentáveis, o que impõe desafios adicionais aos produtores de hortaliças. Nesse sentido, é fundamental adotar boas práticas agrícolas, garantir a rastreabilidade dos produtos e buscar certificações que atestem a qualidade e a origem dos alimentos.

Portanto, um planejamento eficaz deve incluir um levantamento prévio de dados, coletando o maior número de informações possíveis sobre as condições do agricultor, sua propriedade e o mercado. É importante realizar pesquisas sobre as preferências do consumidor local, os padrões climáticos da região, as melhores práticas de manejo das culturas e as tendências do mercado. Com base nessas informações, o produtor poderá tomar decisões informadas sobre quais culturas cultivar, quais técnicas de cultivo adotar e como direcionar suas estratégias de comercialização. O planejamento cuidadoso e detalhado é essencial para maximizar a produtividade, garantir a qualidade dos produtos e obter sucesso no mercado competitivo de hortaliças.

O QUE PRODUZIR?

No âmbito do cultivo de vegetais, a seleção das espécies que serão plantadas constitui uma etapa crucial para o êxito do empreendimento. Tal escolha implica a consideração de três elementos fundamentais: o mercado, a viabilidade econômica e a tecnologia disponível. Compreender como esses fatores inter-relacionam e influenciam as decisões de cultivo é primordial para estabelecer um negócio sustentável e rentável no setor.

Ao analisar as tendências do mercado, é possível identificar quais espécies de vegetais têm maior demanda e aceitação pelos consumidores. Conhecer as preferências dos clientes, as mudanças nos hábitos alimentares e as tendências de consumo é essencial para direcionar a escolha das espécies a serem cultivadas. Além disso, é importante estar atento às variações sazonais e às demandas específicas de cada região, adaptando-se às necessidades do mercado local.

A viabilidade econômica também desempenha um papel crucial na seleção das espécies. É preciso considerar os custos envolvidos no cultivo, como a aquisição de sementes, insumos agrícolas, mão de obra e infraestrutura. Além disso, é necessário avaliar o potencial de retorno financeiro de cada cultura, levando em conta fatores como o preço de venda dos produtos, a produtividade esperada e a capacidade de comercialização. Essa análise econômica cuidadosa auxilia na tomada de decisões que visam otimizar os recursos disponíveis e maximizar os lucros.

Por fim, a tecnologia desempenha um papel cada vez mais relevante no cultivo de vegetais. A adoção de técnicas modernas, como a agricultura de precisão, o uso de sensores, a automação e a aplicação de sistemas de irrigação eficientes, pode aumentar significativamente a produtividade e reduzir custos. Portanto, ao selecionar as espécies para cultivo, é importante considerar as tecnologias disponíveis e avaliar como elas podem ser aplicadas para melhorar os processos produtivos e aumentar a eficiência.

Em suma, a seleção das espécies de vegetais a serem cultivadas é uma etapa crucial para o sucesso de um empreendimento agrícola. Considerar o mercado, a viabilidade econômica e a tecnologia disponível são aspectos fundamentais nesse processo. Ao compreender como esses elementos se relacionam e influenciam as decisões de cultivo, é possível estabelecer um negócio sustentável, lucrativo e alinhado às demandas do mercado.

Estratégias de Mercado para o Sucesso na Horticultura

O mercado é, sem dúvida, o aspecto mais crucial a ser considerado quando se trata de investimentos em horticultura. Muitas vezes, as falhas nesse setor ocorrem devido à falta de atenção dos produtores em relação ao mercado em que estão inseridos. Para garantir o sucesso de uma produção de horticultura com alta tecnologia, é imprescindível que os produtos sejam comercializados de forma eficiente e estratégica.

Um estudo de mercado bem organizado é fundamental para obter informações valiosas sobre os hábitos alimentares da população-alvo. Essas informações determinarão o tipo de mercado em que se deve atuar, seja ele local, regional ou até mesmo em nível de Centrais de Abastecimento (CEASAs). Cada um desses mercados tem suas peculiaridades e desafios, e é importante compreendê-los para tomar decisões acertadas.

Quando se opta por atuar em nível de CEASA, é necessário considerar o período de menor oferta do produto. Geralmente, nesses períodos, a demanda supera a oferta, o que resulta em preços mais altos. Portanto, é importante planejar cuidadosamente a produção e o fornecimento durante todo o ano, levando em conta os períodos de escassez e as oportunidades de lucro.

Nos últimos anos, as grandes redes de supermercados têm se mostrado uma excelente opção de comércio para os produtores de horticultura. Essas redes muitas vezes patrocinam a produção, garantindo preços estáveis e compensadores ao longo do ano. No entanto, é importante ressaltar que essas parcerias exigem dos produtores alta qualidade e frequência na entrega dos produtos, além de cumprir com as exigências e padrões estabelecidos pelas redes de supermercados.

A colaboração com as grandes redes de supermercados oferece vantagens significativas, como acesso a um grande número de consumidores, aumento da visibilidade da marca e estabilidade no fluxo de vendas. No entanto, é essencial manter uma relação de confiança e cumprir com os acordos estabelecidos, garantindo a qualidade dos produtos e cumprindo com os prazos de entrega.

Além disso, é importante acompanhar de perto as tendências do mercado e as preferências dos consumidores. A horticultura é um setor que está em constante evolução, com novas variedades de produtos e técnicas de produção surgindo regularmente. Estar atualizado e adaptar-se às demandas do mercado é fundamental para se manter competitivo.

Em resumo, o sucesso na horticultura depende não apenas da qualidade e tecnologia da produção, mas também de uma estratégia de mercado bem planejada e executada. Conhecer o mercado, entender os hábitos alimentares da população-alvo e explorar parcerias estratégicas são passos essenciais para garantir o êxito nesse setor desafiador.

Tecnologia disponível para cultivo de hortaliças

A tecnologia desempenha um papel fundamental no cultivo de hortaliças, permitindo aos produtores alcançar maior produtividade, qualidade e sustentabilidade. Felizmente, existem diversas tecnologias disponíveis que podem auxiliar os produtores nesse processo. Vamos explorar algumas delas.

Um exemplo notável é o desenvolvimento de híbridos de tomate com genes naturais que conferem resistência e/ou tolerância a várias variantes de fungos, bactérias e vírus. Esses híbridos minimizam a dependência de agrotóxicos, garantindo maior sustentabilidade ao cultivo de tomate nas condições brasileiras. Além disso, a Embrapa, instituição renomada em pesquisa agropecuária, desenvolve projetos que incorporam tecnologias para enfrentar novos cenários agrícolas, como o cultivo em áreas declivosas, contribuindo para um manejo sustentável do solo.

Embora as hortas comerciais sejam focadas em poucas espécies e em altos índices de produtividade, existem tecnologias acessíveis que beneficiam tanto a produção caseira quanto a comunitária. É importante ressaltar que as tecnologias não se restringem a conceitos complexos, mas também incluem práticas simples, como o manejo adequado da semeadura, quantidade de sementes por área e população de plantas. Esses fatores interferem diretamente na produtividade, qualidade do produto e custo de produção.

Para acompanhar as tendências tecnológicas no agronegócio, uma das soluções é o uso de sensores, que são dispositivos capazes de detectar e monitorar diversos aspectos do cultivo, como umidade do solo, temperatura e níveis de nutrientes. Estes sensores permitem um gerenciamento mais preciso e eficiente da produção agrícola. Além disso, aplicativos também têm sido desenvolvidos para otimizar o dia a dia rural, permitindo aos produtores coletar dados, monitorar a produção em tempo real e rastrear eventos relevantes para garantir a qualidade do produto final.

É importante destacar que a conscientização dos consumidores sobre a importância de uma dieta balanceada e segura tem impulsionado a busca por alimentos com propriedades funcionais. Isso demonstra a relevância da tecnologia para a produção de hortaliças, que visa atender a essas demandas e garantir a saúde e bem-estar dos consumidores.

Em resumo, existem diversas tecnologias disponíveis para o cultivo de hortaliças, desde o desenvolvimento de híbridos resistentes a doenças até o uso de sensores e aplicativos para monitoramento e gerenciamento da produção. Essas tecnologias visam maximizar a produtividade, garantir a qualidade dos alimentos e promover a sustentabilidade do setor agrícola. É essencial que os produtores tenham acesso a essas tecnologias para atender às demandas do mercado e alcançar o sucesso em suas atividades agrícolas.

Viabilidade Econômica

A viabilidade econômica no cultivo de hortaliças é um aspecto crucial a ser considerado por agricultores e empreendedores no setor. Com base nos resultados da pesquisa, podemos observar algumas informações relevantes sobre o tema.

Segundo um estudo de análise de viabilidade econômica realizado em um estudo de caso, serão calculados índices econômicos como Valor Presente Líquido (VPL), Taxa Interna de Retorno (TIR), Payback Simples e Descontado para um horizonte de planejamento de cinco ou mais anos. Esses indicadores são essenciais para avaliar a rentabilidade e a atratividade financeira do empreendimento agrícola.

Ao realizar um estudo de viabilidade econômica, é fundamental levar em consideração o mercado local e suas particularidades. Um exemplo é a análise das especificidades do mercado de uma cidade, com o intuito de avaliar a oportunidade de ingresso no mercado de hortaliças orgânicas como meio de subsistência familiar. Compreender o contexto em que se pretende atuar permite avaliar o potencial de demanda, a concorrência e as possibilidades de preço e comercialização.

Além disso, é importante considerar a sustentabilidade do empreendimento e a adoção de práticas agrícolas que visem à redução de impactos ambientais. Nesse sentido, a utilização da adubação verde com o uso de espécies espontâneas têm ganhado destaque no cultivo de hortaliças, especialmente em regiões como o Semiárido nordestino, visando à sustentabilidade do ambiente.

No entanto, é importante ressaltar que a produção de hortaliças para o mercado comercial difere consideravelmente da produção caseira ou comunitária. Nas hortas comerciais, é comum cultivar poucas espécies, visando à máxima produtividade e ao alto padrão de qualidade. Essa diferenciação é relevante no contexto da viabilidade econômica, pois a produção em larga escala exige uma análise ainda mais detalhada dos custos, preços e potencial de mercado.

Dessa forma, a viabilidade econômica no cultivo de hortaliças envolve uma análise cuidadosa dos fatores econômicos, ambientais e de mercado. Estudos como análise de viabilidade econômica, análise do mercado local e análise das características do solo são essenciais para embasar as decisões dos agricultores e empreendedores no setor de hortaliças. Essas informações ajudarão a definir os preços adequados para a comercialização dos produtos, garantindo a rentabilidade do negócio e a satisfação tanto do produtor quanto do consumidor.

QUANTO PRODUZIR?

A olericultura é uma atividade agrícola desafiadora que envolve a produção de hortaliças. Essas plantas possuem um ciclo de vida relativamente curto e, uma vez colhidas, precisam ser comercializadas e consumidas rapidamente, pois a maioria delas não possui condições adequadas de armazenamento. Nesse contexto, a quantidade de produção é um fator crucial a ser considerado pelos produtores.

Para determinar a quantidade de hortaliças a ser produzida, é necessário levar em conta diversos aspectos, como o mercado, a viabilidade econômica e a tecnologia disponível. Antes mesmo de iniciar a produção, é fundamental analisar a demanda do mercado e identificar quais espécies de hortaliças são mais procuradas pelos consumidores. Essa análise de mercado permite tomar decisões informadas sobre quais produtos devem ser cultivados e em que quantidade.

Além disso, é essencial considerar a viabilidade econômica do empreendimento. Isso envolve avaliar os custos de produção, como sementes, fertilizantes, mão de obra, entre outros, e compará-los com os preços de venda esperados. Uma análise cuidadosa dos custos e receitas ajuda a determinar se a produção de determinada quantidade de hortaliças será lucrativa.

A tecnologia disponível também desempenha um papel importante na definição da quantidade de produção. O uso de tecnologias modernas, como estufas controladas, sistemas de irrigação eficientes e técnicas de cultivo avançadas, pode aumentar a produtividade das culturas e permitir a produção em maior escala. Por outro lado, a falta de acesso a essas tecnologias pode limitar a capacidade de produção.

É válido ressaltar que o dimensionamento da atividade de olericultura está intimamente ligado à disponibilidade de recursos financeiros. É necessário analisar a capacidade de investimento do produtor e garantir que os recursos necessários para a produção estejam disponíveis.

Em suma, a quantidade de produção na olericultura é determinada com base em fatores como a demanda do mercado, a viabilidade econômica, a tecnologia disponível e a disponibilidade de recursos financeiros. Ao considerar esses aspectos, os produtores podem tomar decisões mais informadas sobre a quantidade e o tipo de hortaliças a serem produzidas, garantindo a comercialização do produto e minimizando os riscos associados a essa atividade desafiadora.

QUANDO PRODUZIR?

A produção de um produto é uma atividade complexa que requer planejamento estratégico e uma compreensão profunda das demandas e condições do mercado. Uma pergunta crucial que surge nesse contexto é: quando produzir? Para responder a essa pergunta, é fundamental considerar uma série de fatores, como a análise de mercado e a sazonalidade do produto.

A análise de mercado desempenha um papel vital na determinação do momento ideal para iniciar a produção. Ela envolve a coleta e interpretação de informações relevantes sobre a oferta e a demanda do produto. Com base nessas informações, é possível identificar as épocas adequadas para o semeio e a produção de mudas, a fim de escalonar a produção de acordo com a demanda esperada. Essa abordagem estratégica ajuda a evitar o excesso ou a escassez de produtos, otimizando a utilização dos recursos disponíveis.

Além disso, a sazonalidade do produto é um fator importante a ser considerado ao determinar quando produzir. Certos produtos estão sujeitos a variações sazonais na demanda, como frutas e legumes, roupas de inverno e produtos relacionados a datas comemorativas. A sazonalidade pode ser influenciada por fatores climáticos, festividades, eventos esportivos e até mesmo tendências de consumo. Portanto, compreender a sazonalidade do produto permite planejar a produção de forma a minimizar os efeitos negativos da demanda flutuante.

No entanto, é importante ressaltar que a tecnologia pode desempenhar um papel fundamental na mitigação dos efeitos da sazonalidade. Por exemplo, técnicas de armazenamento adequado e processamento de alimentos podem prolongar a disponibilidade de certos produtos perecíveis, permitindo sua produção ao longo do ano. Além disso, estratégias de marketing e promoção podem ser implementadas para impulsionar a demanda em períodos de menor procura. Assim, a tecnologia pode ajudar a minimizar ou até mesmo eliminar os efeitos negativos da sazonalidade na produção.

Em resumo, determinar o momento adequado para a produção de um produto é uma tarefa complexa que exige uma análise cuidadosa do mercado e a consideração da sazonalidade. A análise de mercado fornece informações cruciais sobre a demanda e a oferta do produto, enquanto a compreensão da sazonalidade ajuda a evitar problemas relacionados à flutuação da demanda. Ao combinar esses elementos com o uso inteligente da tecnologia, é possível planejar a produção de forma estratégica, otimizando recursos e maximizando os resultados finais.

COMO PRODUZIR?

Produzir hortaliças envolve tomar decisões estratégicas com base na tecnologia disponível e viável, a fim de atender às demandas do mercado em termos de qualidade, quantidade e frequência de produção. Existem diversas informações disponíveis que podem orientar o processo de plantio das hortaliças. Essas informações são fundamentais para orientar a produção de hortaliças de forma eficiente.

É importante considerar as características específicas de cada região e adaptar as práticas de produção às condições locais. Além disso, é recomendado planejar antecipadamente a produção, levando em conta fatores externos como clima, sazonalidade, solo, pragas e falta de padronização do cultivo. Com base nessas informações, é possível tomar decisões mais assertivas e obter uma produção de hortaliças de qualidade.

A seguir, vou apresentar algumas considerações importantes para a produção de hortaliças.

Estratégias de Programação da Produção e Previsão de Mercado para a Produção de Hortaliças

A produção de hortaliças é uma atividade desafiadora que envolve riscos e incertezas. No entanto, adotar estratégias de programação da produção e previsão de mercado pode ajudar a minimizar esses riscos e melhorar a eficiência do processo produtivo.

A programação da produção é uma etapa essencial do Planejamento, Programação e Controle da Produção (PPCP). Consiste em coordenar e aplicar os recursos produtivos de forma a atender aos planos estabelecidos em diferentes níveis, como estratégico, tático e operacional. No caso da produção de hortaliças, o objetivo é planejar e produzir a quantidade correta de produtos necessários para maximizar os resultados.

Uma estratégia recomendada para reduzir os riscos associados à produção de hortaliças é a diversificação da produção. Produzir uma variedade de hortaliças em vez de se concentrar em um único tipo pode ajudar a mitigar os impactos negativos causados por condições climáticas adversas, flutuações de mercado ou problemas fitossanitários específicos de uma determinada cultura. A diversificação da produção permite que os produtores estejam preparados para lidar com possíveis variações na demanda e nos preços das hortaliças.

Além disso, a previsão de mercado desempenha um papel fundamental na programação da produção de hortaliças. Com base na previsão de vendas e na disponibilidade de recursos financeiros e produtivos, é possível estabelecer um plano de produção estratégico. A previsão de mercado envolve a análise de tendências, sazonalidade, comportamento do consumidor e outros fatores relevantes para antecipar as demandas futuras. Com uma previsão precisa, os produtores de hortaliças podem ajustar sua programação de produção e evitar problemas como a escassez ou o excesso de produtos no mercado.

Para apoiar a programação da produção e a previsão de mercado, várias ferramentas e técnicas estão disponíveis. Uma delas é o Gráfico de Gantt, uma representação gráfica da programação de tarefas que permite visualizar o cronograma de produção e acompanhar seu andamento. Essa ferramenta pode ser especialmente útil para planejar e monitorar as atividades relacionadas à produção de diferentes tipos de hortaliças.

Além disso, o uso de software de planejamento de produção automatizado pode trazer benefícios significativos para os produtores de hortaliças. Esses softwares podem ajudar na criação de planos de produção eficientes, considerando a demanda do mercado, os recursos disponíveis e as restrições operacionais. Eles também podem facilitar a análise de cenários e a realização de simulações para avaliar os possíveis resultados da programação da produção.

Em resumo, a programação da produção e a previsão de mercado são estratégias importantes para minimizar os riscos associados à produção de hortaliças. A diversificação da produção e a utilização de ferramentas como o Diagrama de Gantt e software de planejamento automatizado podem contribuir para uma produção mais eficiente e adaptável às demandas do mercado. Ao adotar essas estratégias, os produtores de hortaliças estarão mais preparados para enfrentar os desafios e aproveitar as oportunidades que surgem nesse setor dinâmico.

O Desenvolvimento das Hortaliças: Conhecendo as Bases Fundamentais para um Cultivo de Sucesso

As hortaliças desempenham um papel essencial na alimentação e na saúde humana, além de serem uma fonte de renda para muitos agricultores familiares. Para obter sucesso no cultivo dessas plantas tão valiosas, é fundamental adquirir conhecimento básico sobre seu desenvolvimento, bem como compreender aspectos relacionados ao solo, aos canteiros definitivos e aos sistemas de plantio. A busca por conhecimento é como a construção de um alicerce sólido, necessário para alcançar resultados consistentes e duradouros no cultivo de hortaliças.

A qualidade do material propagativo e sua aquisição, juntamente com a atenção às doenças na produção de mudas, são aspectos cruciais para garantir um bom desenvolvimento das plantas e assegurar a saúde das plantações. No cultivo de hortaliças, o conhecimento sobre o solo adequado é fundamental. O solo ideal para hortaliças possui características como textura areno-argilosa, acidez fraca, boa drenagem e fertilidade adequada. Esse solo proporciona um ambiente propício para o crescimento das plantas, com facilidade para o cultivo de hortaliças. É uma base firme e estruturada que permite o enraizamento eficiente, o acesso aos nutrientes e a troca gasosa essencial para a respiração das plantas.

Ao considerarmos os canteiros definitivos, é importante compreender os diferentes tipos existentes e sua influência no desenvolvimento das hortaliças. Nesse sentido, o conhecimento adquirido sobre a semeadura direta e o transplantio de mudas é fundamental. Através da semeadura direta, as sementes são plantadas diretamente no local definitivo, enquanto o transplantio de mudas consiste em cultivar as plantas em recipientes específicos para, posteriormente, transferi-las para o canteiro definitivo.

A pesquisa realizada para o desenvolvimento de cultivares específicas, como as batatas-doces de polpa roxa, evidencia a importância da busca contínua por melhorias e conhecimento aprofundado na área das hortaliças. Essas pesquisas têm o objetivo de aprimorar as características das plantas, tornando-as mais resistentes a doenças, mais produtivas e com qualidades organolépticas, aquelas que podem ser facilmente percebidas pelos nossos sentidos: olfato, visão, paladar e tato, aprimoradas. Assim como um cientista que se dedica à descoberta de novas soluções e ao aperfeiçoamento de tecnologias, o agricultor que busca informações atualizadas e confiáveis pode alcançar um desenvolvimento sustentável e prosperar em seu cultivo de hortaliças.

É essencial ressaltar a importância da fertilidade do solo no desenvolvimento das hortaliças. Através da absorção de nutrientes essenciais, as plantas adquirem vigor e saúde, resultando em maior sabor, qualidade e produtividade. Os fertilizantes de qualidade e tecnologia avançada atuam como nutrientes para o solo, proporcionando um ambiente fértil e favorável ao crescimento das plantas. Podemos comparar essa relação entre solo e fertilidade ao cuidado com nosso corpo. Assim como a alimentação balanceada e rica em nutrientes é fundamental para nossa saúde, a fertilidade do solo e a oferta adequada de nutrientes são essenciais para o desenvolvimento pleno das hortaliças.

Adquirir conhecimento básico sobre o desenvolvimento das hortaliças é fundamental para obter sucesso no cultivo dessas plantas. Ao compreender aspectos relacionados ao solo adequado, aos canteiros definitivos e aos sistemas de plantio, como semeadura direta e transplantio de mudas, o agricultor familiar terá uma base sólida para alcançar resultados consistentes. Assim como a busca por conhecimento é essencial para a construção de uma casa segura, o aprendizado sobre o desenvolvimento das hortaliças é a base para um cultivo produtivo e saudável. Portanto, incentive-se a explorar as informações disponíveis e a aplicar esse conhecimento em seu cultivo, colhendo os frutos de um trabalho bem fundamentado e sustentável.

Manejo Cultural - Cultivando Hortaliças com Sabedoria

Para obter um cultivo adequado, é imprescindível ir além dos cuidados básicos. É necessário adotar um manejo cultural eficiente, que assegure o desenvolvimento saudável das plantas e uma produção satisfatória. Nesta seção, abordaremos as práticas essenciais para o manejo cultural de hortaliças, ressaltando a importância de uma irrigação adequada, do controle fitossanitário para prevenir pragas e doenças, bem como da estratégia de cultivo múltiplo.

Irrigação Adequada: A Chave para o Sucesso Hortícola

A irrigação desempenha um papel vital no cultivo das hortaliças, desafiando os agricultores a fornecer a quantidade exata de água para cada planta. É um equilíbrio delicado, pois a hidratação adequada é essencial para promover o crescimento saudável e a produção satisfatória. Existem diversas abordagens de irrigação que podem ser adotadas, cada uma com suas próprias peculiaridades.

Dois métodos de irrigação amplamente utilizados são a irrigação de superfície e a irrigação por aspersão. A primeira técnica envolve a aplicação direta de água sobre o solo, o que é especialmente adequado para solos nivelados. No entanto, a irrigação por aspersão apresenta uma alternativa interessante. Nesse método, a água é dispersa sobre as plantas, simulando uma suave chuva. Essa variedade oferece uma distribuição mais uniforme e abrange uma área maior.

Para obter melhores resultados, é recomendável realizar a irrigação diariamente, preferencialmente pela manhã ou à tarde. Dessa forma, o solo permanece úmido, promovendo o crescimento ideal das hortaliças. No entanto, é importante observar que cada tipo de planta possui suas próprias necessidades específicas de água, e a quantidade exata pode variar.

Além da técnica de irrigação escolhida, é crucial considerar as condições climáticas da região em que as hortaliças serão cultivadas. Cada espécie tem suas preferências climáticas, algumas se adaptando melhor a climas mais secos, enquanto outras prosperam em regiões chuvosas. Portanto, ter conhecimento detalhado do clima local é fundamental para selecionar as hortaliças mais adequadas e garantir o desenvolvimento saudável das plantas.

Com a combinação adequada de técnicas de irrigação, compreensão do clima e seleção criteriosa das hortaliças, os agricultores podem otimizar o crescimento e a produção de suas culturas. Essas práticas ajudam a maximizar a eficiência hídrica e a garantir um ambiente favorável para o desenvolvimento saudável das hortaliças, contribuindo para uma agricultura sustentável e produtiva.

Controle Fitossanitário: Prevenindo Pragas e Doenças

As pragas e doenças representam desafios significativos no cultivo de hortaliças, mas com um manejo cultural adequado é possível minimizar esses problemas e preservar a saúde das plantas. O controle fitossanitário abrange um conjunto de práticas que visam prevenir, monitorar e controlar pragas e doenças de forma sustentável e eficaz.

Uma das abordagens mais importantes no controle fitossanitário é o controle cultural, que se baseia em práticas agrícolas específicas. A rotação de culturas é uma dessas práticas, pois impede o desenvolvimento excessivo de doenças e a proliferação de pragas. É como uma dança em que diferentes plantas ocupam o palco em momentos diferentes, evitando que pragas e doenças se estabeleçam permanentemente. A alternância de diferentes espécies de hortaliças no mesmo espaço permite que o solo se recupere e reduz a probabilidade de infestações.

Além da rotação de culturas, outras práticas culturais desempenham um papel crucial no controle fitossanitário. O enterrio de resíduos culturais, a época e profundidade de semeadura, o manejo adequado da fertilização e da irrigação são fatores que contribuem para criar um ambiente favorável aos agentes de controle biológico e desfavorável aos patógenos. É como uma sinfonia em que cada instrumento é tocado na hora certa, criando um equilíbrio harmonioso que afasta pragas e doenças.

Ao adotar práticas de controle fitossanitário, os agricultores podem proteger suas plantas e garantir uma produção saudável de hortaliças. Essas estratégias sustentáveis e eficazes promovem a saúde das plantas, reduzem o uso de agroquímicos e contribuem para a preservação do meio ambiente. Com um manejo cultural adequado, é possível enfrentar os desafios das pragas e doenças de forma eficiente, promovendo uma agricultura mais sustentável e produtiva.

Cultivos Múltiplos: Maximizando o Potencial Hortícola

O manejo cultural também envolve a prática de cultivos múltiplos, que consiste em aproveitar ao máximo o espaço disponível e a duração da estação de cultivo. Para obter uma produção contínua e maximizar o rendimento, é possível planejar o plantio de diferentes espécies de hortaliças em sequência, levando em consideração o tempo necessário para cada cultura se desenvolver. É como uma peça de teatro em que cada ato tem seu momento de brilho, garantindo uma produção constante ao longo do tempo. Dessa forma, é possível colher os benefícios de uma sucessão de culturas, aproveitando ao máximo o potencial do solo e evitando períodos ociosos na produção.

Ao implementar os princípios do manejo cultural nas práticas hortícolas, os agricultores podem desfrutar de uma produção saudável, sustentável e de alta qualidade. O uso adequado da irrigação, a aplicação de medidas de controle fitossanitário e a adoção de cultivos múltiplos são estratégias-chave para alcançar o sucesso na produção de hortaliças. Assim como um maestro habilidoso, os agricultores podem reger suas terras com maestria, obtendo uma colheita abundante, promovendo a conservação do solo e contribuindo para uma agricultura mais sustentável e resiliente.

Colheita e Pós-Colheita - Preservando a Qualidade das Hortaliças

A colheita é um momento crucial para garantir a qualidade e o sabor das hortaliças. É necessário realizar esse processo no momento adequado, levando em consideração uma série de fatores que influenciam a conservação dos produtos após a colheita. A forma como as hortaliças são colhidas, manuseadas, acondicionadas e processadas desempenham um papel fundamental na preservação da qualidade dos alimentos.

O ponto de colheita das hortaliças é um dos principais fatores a serem considerados para garantir a sua conservação e qualidade. Cada tipo de hortaliça possui um momento específico em que está no auge da maturidade e apresenta as melhores características de sabor, textura e valor nutricional. Por exemplo, cenouras devem ser colhidas quando atingirem o tamanho desejado, enquanto as abobrinhas devem ser colhidas antes que fiquem muito grandes.

Após a colheita, é fundamental adotar cuidados específicos para a conservação das hortaliças, conhecidos como técnicas de pós-colheita. Essas técnicas englobam desde o manuseio correto dos produtos até o seu armazenamento adequado para prolongar sua vida útil. Para tanto, é necessário conhecer a fisiologia das hortaliças-fruto e a logística de toda a cadeia, a fim de evitar problemas decorrentes de transporte e armazenamento deficientes.

Durante o processo de colheita e pós-colheita, é importante considerar a temperatura e as condições climáticas. A temperatura adequada de armazenamento varia de acordo com cada hortaliça. Por exemplo, vegetais frescos geralmente duram mais tempo na geladeira, enquanto outros, como tomates e batatas, devem ser armazenados em temperatura ambiente para manter suas características de sabor e textura.

Além disso, novas tecnologias pós-colheita estão sendo estudadas e desenvolvidas para melhorar a qualidade e a segurança das frutas e hortaliças. Essas tecnologias abrangem desde o conhecimento fisiológico até o uso de técnicas e equipamentos avançados para minimizar perdas de qualidade durante as etapas de colheita e pós-colheita.

Em resumo, a colheita adequada das hortaliças no momento certo e a aplicação de técnicas de pós-colheita são essenciais para garantir a qualidade, o sabor e a durabilidade dos produtos. Ao adotar esses cuidados, produtores e consumidores podem desfrutar de hortaliças frescas e nutritivas, contribuindo para uma alimentação saudável e sustentável.

Tecnologia de Produção de Sementes para Hortaliças

A indústria de sementes de hortaliças exerce um papel crucial na produção agrícola, fornecendo as bases para o desenvolvimento de cultivares e híbridos de alta qualidade. A produção de sementes de hortaliças é um processo complexo que envolve diversas etapas, desde o cultivo das plantas-mãe até a colheita, beneficiamento, armazenamento e comercialização das sementes. A tecnologia desempenha um papel fundamental em todas essas fases, contribuindo para a obtenção de sementes de alta qualidade e produtividade.

No âmbito da pesquisa científica, o professor Julio Marcos Filho, do Departamento de Produção Vegetal da USP/ESALQ, destaca a importância das sementes de alta qualidade para o sucesso no desenvolvimento de novos cultivares. Ele enfatiza que melhorar o desempenho das sementes é fundamental para alcançar resultados satisfatórios na produção agrícola.

Um dos aspectos relevantes abordados na literatura é a importância do controle da qualidade das sementes durante toda a cadeia produtiva. Isso inclui conhecer fatores que afetam a germinação e dormência das sementes, bem como realizar testes de qualidade fisiológica. Essas informações são essenciais para garantir a produção de mudas saudáveis e de alta qualidade.

A produção de sementes de hortaliças é um processo que envolve tanto a indústria quanto os agricultores. Os agricultores desempenham um papel crucial na seleção, produção e armazenamento das sementes, contribuindo para a diversidade genética e a preservação das variedades tradicionais. Com seu conhecimento prático e profundo das características das sementes, os agricultores selecionam as melhores plantas-mãe para a colheita de sementes, garantindo a adaptação às condições locais e a disponibilidade de variedades específicas.

A seleção criteriosa das sementes realizada pelos agricultores ao longo das gerações resulta em plantas mais resistentes a pragas, doenças e condições adversas, promovendo a sustentabilidade e a resiliência dos sistemas agrícolas. Além disso, a participação ativa dos agricultores na produção de sementes preserva a biodiversidade agrícola e as variedades crioulas, que são parte do patrimônio genético e cultural de um país.

Embora os agricultores tenham conhecimento prático, é importante fornecer-lhes acesso a tecnologias de produção de sementes. Isso inclui técnicas de beneficiamento, armazenamento adequado e controle de qualidade, visando melhorar a produtividade e a qualidade das sementes produzidas. Assim, é fundamental promover a troca de conhecimentos e capacitar os agricultores, fortalecendo a produção de sementes de hortaliças e garantindo a autossuficiência e a qualidade dos materiais adaptados às suas necessidades e condições locais.

A uniformização da germinação e do vigor das sementes também é um tema relevante, conforme mencionado em um estudo sobre técnicas de melhoramento da germinação de espécies estabelecidas comercialmente. Essas técnicas contribuem para o aumento da qualidade das plântulas e, consequentemente, para a obtenção de uma lavoura mais produtiva.

A tecnologia de produção de sementes desempenha um papel fundamental no setor de hortaliças, influenciando diretamente a qualidade das sementes, o desenvolvimento de cultivares e híbridos, e, por fim, a produtividade das lavouras. É essencial que os produtores busquem conhecimento e adotem práticas que contribuam para a obtenção de sementes de alta qualidade, garantindo assim o sucesso na produção de hortaliças.

O Poder das Novas Tecnologias na Agricultura

Para garantir que esse setor continue a cumprir sua missão, é imprescindível adotar tecnologias modernas que assegurem o aumento da produtividade, a redução dos custos de produção e a oferta de alimentos com qualidade. Nos últimos anos, o uso de novas tecnologias na agricultura tem sido um tema de grande relevância. A busca por métodos inovadores e eficientes tem impulsionado a implementação de práticas sustentáveis e o desenvolvimento de tecnologias digitais que otimizam o uso de nutrientes no campo.

Quando falamos de hortaliças, especificamente, a combinação de técnicas de plantio convencional com novas tecnologias tem se mostrado altamente promissora. Essas tecnologias abrangem desde o uso de sistemas de irrigação inteligentes até a aplicação de métodos de cultivo protegido, como estufas controladas e hidroponia.

Um exemplo prático dessas inovações é a agricultura de precisão, que utiliza sensores e dispositivos conectados para monitorar o solo, a umidade, a temperatura e outros fatores ambientais. Com base nessas informações em tempo real, os agricultores podem tomar decisões mais assertivas sobre o momento ideal de irrigação, aplicação de fertilizantes e controle de pragas, o que resulta em uma maior eficiência e produtividade nas lavouras.

Outra tecnologia que vem revolucionando a agricultura é a utilização de drones agrícolas. Essas aeronaves não tripuladas podem ser equipadas com câmeras de alta resolução e sensores infravermelhos, permitindo uma análise precisa e detalhada das plantações. Os dados coletados pelos drones fornecem informações valiosas sobre a saúde das culturas, possibilitando a detecção precoce de doenças, a identificação de áreas com deficiências nutricionais e a monitorização do desenvolvimento das plantas, o que facilita a tomada de decisões estratégicas pelos agricultores.

O emprego de sistemas de automação e robótica na agricultura tem se mostrado cada vez mais promissor. Máquinas inteligentes são capazes de realizar tarefas complexas, como o plantio e a colheita, de forma precisa e eficiente, reduzindo a dependência de mão de obra humana e aumentando a produtividade das lavouras.

A integração dessas novas tecnologias na agricultura proporciona benefícios significativos. Além de otimizar a produção e reduzir os custos de maneira geral, elas também podem contribuir para a melhoria da qualidade nutricional dos produtos. Ao monitorar de perto as condições de cultivo, é possível ajustar os níveis de nutrientes e garantir que as hortaliças se desenvolvam de forma saudável e com alto valor nutricional.

No entanto, é importante ressaltar que a adoção dessas tecnologias requer investimentos significativos, tanto em termos de infraestrutura quanto de conhecimento técnico. Os agricultores precisam estar preparados para se adaptar e aprender a utilizar essas ferramentas de forma eficiente. Além disso, é necessário um suporte adequado por parte do governo e das instituições de pesquisa, a fim de promover a difusão e o acesso às novas tecnologias no setor agrícola.

Em conclusão, o uso de novas tecnologias na agricultura é uma realidade crescente e promissora. A combinação de técnicas tradicionais de plantio com a aplicação de ferramentas digitais, drones agrícolas, automação e robótica trazem inúmeras vantagens para o setor agrícola, incluindo a melhoria da qualidade nutricional dos produtos e a otimização da produção. No entanto, é necessário um esforço conjunto de agricultores, governo e instituições de pesquisa para viabilizar a adoção dessas tecnologias e garantir seu impacto positivo no campo.

    Para concluir, é indiscutível que a adoção das novas tecnologias na agricultura tem se mostrado uma realidade crescente e promissora. A fusão entre os métodos tradicionais de cultivo e a implementação de ferramentas digitais, drones agrícolas, automação e robótica traz consigo uma série de vantagens ao setor agrícola, destacando-se aprimoramento da qualidade nutricional dos produtos e otimização da produção. No entanto, vale ressaltar que é imprescindível um esforço conjunto entre agricultores, governo e instituições de pesquisa para possibilitar a ampla adoção dessas tecnologias, assegurando assim o seu impacto positivo no campo.

Escalonamento da Produção Agrícola - Maximizando os Recursos e Atendendo à Demanda

O escalonamento da produção agrícola é uma técnica fundamental para garantir o sucesso e a eficiência no setor agrícola. Trata-se do uso estratégico e eficiente dos recursos disponíveis, com o objetivo de suprir a demanda do consumidor e cumprir os prazos estabelecidos para a comercialização dos produtos agrícolas.

Nesse contexto, o produtor agrícola precisa planejar cuidadosamente cada etapa do processo, levando em consideração fatores como o plantio, o cultivo e a colheita. O objetivo final é obter rendimentos sequenciais ao longo do tempo, possibilitando a produção contínua e o fornecimento constante de produtos agrícolas.

Uma das estratégias recomendadas para alcançar resultados ideais é a automatização de algumas tarefas. O uso de softwares de gestão, por exemplo, facilita a coleta de dados de forma fácil, ágil e eficiente. Dessa forma, o produtor pode monitorar o desenvolvimento das culturas, identificar problemas e tomar decisões mais embasadas.

Além disso, é importante construir estufas e planejá-las de maneira que possam ser ocupadas durante todo o ano ou, pelo menos, durante as estações mais frescas. Essas estruturas servirão para abrigar as sementeiras das diferentes culturas, garantindo que as mudas cresçam e se desenvolvam adequadamente antes de serem transplantadas para o local definitivo de cultivo.

Outra prática recomendada é a utilização de pequenos canteiros espalhados pela horta, em intervalos de, pelo menos, 15 dias entre as sementeiras. Essa técnica evita semear toda a cultura ao mesmo tempo, permitindo uma colheita mais escalonada e contínua.

É essencial compreender que cada fruta, verdura ou legume possui suas próprias características e necessidades. Portanto, é importante escolher as variedades de acordo com suas épocas ideais de colheita.

Para otimizar ainda mais o processo de escalonamento, é fundamental conhecer culturas que podem ser produzidas ao longo do ano todo, como pepino, tomate e berinjela. Essas culturas possuem características que permitem um ciclo de produção contínuo, ou seja, quanto mais se planta, mais se produz.

O escalonamento da produção agrícola desempenha um papel crucial na agricultura moderna, permitindo que mudas sejam formadas, plantas sejam cultivadas e a produção seja colhida simultaneamente. Essa abordagem pode aumentar consideravelmente o lucro do produtor, embora exija planejamento e conhecimento técnico aprofundado.

A otimização da produção agrícola é uma prática essencial para garantir um aproveitamento eficiente dos recursos disponíveis. Ela visa agilizar as tarefas e atender à demanda do consumidor dentro dos prazos estabelecidos. Por meio de estratégias como a automação, o planejamento meticuloso das estufas, a adoção de canteiros menores e a seleção criteriosa das variedades cultivadas, os agricultores podem potencializar a eficiência de sua produção e obter resultados contínuos ao longo do tempo. Essa abordagem contribui para a estabilidade do mercado, assegurando um suprimento regular de alimentos de qualidade aos consumidores.

Os Significados e a Importância do Planejamento

O planejamento é uma atividade essencial para alcançar objetivos definidos. Quando nos deparamos com um propósito específico, precisamos organizar as atividades de forma estruturada, como em um projeto, para garantir o sucesso de nossas empreitadas. No entanto, muitas vezes, não temos acesso imediato aos dados necessários para embasar nosso planejamento. As informações relevantes podem estar dispersas, desorganizadas e incompletas. Nesse contexto, é fundamental realizar um levantamento cuidadoso e organizar essas informações de maneira a fornecer subsídios sólidos para o processo de planejamento.

O planejamento de projetos desempenha um papel crucial nesse cenário. Ao desenvolver um planejamento de projeto, mapeamos os principais elementos que precisaremos considerar para atingir com sucesso as metas estabelecidas. É interessante notar que, por vezes, o planejamento de projeto é denominado também como planejamento de trabalho. Essa atividade envolve a definição do escopo do projeto, o estabelecimento de um cronograma, a determinação das datas de conclusão e a identificação dos entregáveis que serão produzidos ao longo do projeto.

Podemos fazer uma analogia para ilustrar a importância do planejamento. Imagine que você está planejando uma viagem para um destino desconhecido. Antes de iniciar sua jornada, você precisará coletar informações sobre o local, como clima, pontos turísticos, transporte disponível, entre outros. Esses dados são equivalentes às informações que você precisa reunir e organizar ao realizar o planejamento de um projeto.

Além do planejamento de projetos, há outras abordagens importantes no contexto empresarial. O plano estratégico, por exemplo, tem como objetivo definir a direção que a empresa seguirá nos próximos três a cinco anos. Ele envolve a formulação de declarações de missão e visão, o estabelecimento de metas e a identificação das ações necessárias para alcançar tais objetivos. Nesse sentido, podemos comparar o plano estratégico a uma bússola que orienta a empresa em sua jornada, indicando a direção a seguir e fornecendo uma visão clara do destino a ser alcançado.

Cabe ressaltar que o planejamento não é exclusivo de profissionais experientes em gerenciamento de projetos. Mesmo aqueles que não se consideram gestores de projetos profissionais podem se beneficiar do uso de modelos e ferramentas disponíveis. Existem onze modelos gratuitos que podem auxiliar no início de um projeto, abrangendo diferentes disciplinas e facilitando o processo de planejamento.

Esses modelos são como mapas que fornecem uma orientação clara para o início da jornada, ajudando a estabelecer os primeiros passos rumo ao sucesso.

Em um contexto mais amplo, o planejamento está intrinsecamente ligado às funções administrativas. De acordo com a teoria neoclássica, as quatro funções básicas do administrador são planejamento, organização, direção e controle (PODC). Essas funções constituem o processo administrativo, que vai além do ciclo administrativo, pois é dinâmico, interativo e cíclico. Assim como um piloto que precisa planejar sua rota, organizar sua aeronave, direcionar seu voo e controlar o desempenho durante o percurso, o administrador utiliza o planejamento como uma ferramenta fundamental para guiar a gestão das atividades organizacionais.

No âmbito específico do planejamento de projetos, é importante destacar o escopo. O escopo do projeto é o ponto de partida para o planejamento. Trata-se do processo de determinar e documentar um conjunto de objetivos e resultados que definem o alcance do projeto. Além disso, o escopo também engloba restrições, dependências, fatores externos e considerações de custo, tempo e qualidade. Em outras palavras, o escopo é a base sobre a qual todo o planejamento é construído, assegurando que todas as partes envolvidas tenham uma compreensão clara dos objetivos e dos limites do projeto.

Ao considerar a importância do planejamento de projetos, é válido ressaltar que essa prática ocorre no início do projeto ou em cada onda ou sprint, quando detalhes cruciais para o gerenciamento e a execução são estruturados. A cada ciclo de planejamento, uma linha de base é gerada, servindo como referência para acompanhamento e análise da tendência do projeto. Assim como um arquiteto que projeta um edifício, o planejador de projetos elabora um plano sólido que servirá como guia para a construção do projeto em todas as suas etapas.

Em suma, o planejamento é uma atividade indispensável para alcançar objetivos definidos. É por meio do planejamento que organizamos nossas atividades em forma de projeto, permitindo que as informações relevantes sejam levantadas, analisadas e estruturadas de maneira coerente. Com o planejamento adequado, podemos navegar em direção aos nossos objetivos, guiados por um mapa claro e preciso. Seja no contexto de projetos, de estratégias empresariais ou das funções administrativas, o planejamento desempenha um papel fundamental na busca pelo sucesso.

A Importância do Levantamento de Dados para o Planejamento Hortícola

No processo de planejamento hortícola, o levantamento de dados desempenha um papel crucial. Essa etapa é essencial para garantir que as informações necessárias sejam coletadas de forma criteriosa e específica, proporcionando uma base sólida para o planejamento em questão. Um levantamento de dados bem executado evita a coleta de informações desnecessárias, economizando tempo valioso e facilitando o processamento dos dados relevantes.

A importância do levantamento de dados reside na sua capacidade de fornecer informações precisas e atualizadas para embasar as decisões tomadas durante o planejamento hortícola. Quando realizado de maneira adequada, esse processo permite obter dados relevantes sobre a propriedade, as condições do solo, a disponibilidade de recursos e outros fatores essenciais para o sucesso das atividades hortícolas.

Um levantamento de dados criterioso ajuda a minimizar erros e a otimizar o uso dos recursos disponíveis. Ao coletar informações precisas sobre as características do solo, por exemplo, é possível escolher as culturas mais adequadas e planejar o manejo adequado do solo, evitando desperdícios e maximizando a produtividade. Além disso, ao conhecer a disponibilidade de recursos na propriedade, como acesso à água e infraestrutura existente, é possível planejar de forma mais eficiente e direcionar os investimentos de maneira estratégica.

Outro benefício do levantamento de dados é a sua contribuição para a identificação de demandas e necessidades específicas do planejamento hortícola. Ao coletar informações sobre o mercado, as tendências e as preferências dos consumidores, é possível ajustar a produção de acordo com as expectativas do mercado e antecipar demandas, garantindo a competitividade e o sucesso do negócio.

O levantamento de dados adequado proporciona uma base sólida para a análise e a tomada de decisão. Com informações confiáveis e relevantes em mãos, é possível realizar análises mais precisas, identificar tendências e padrões, e tomar decisões embasadas, contribuindo para o sucesso do planejamento hortícola.

Em resumo, o levantamento de dados é uma etapa fundamental do planejamento hortícola. Sua realização criteriosa e específica proporciona informações precisas e atualizadas, que são essenciais para embasar as decisões tomadas ao longo do processo. Um levantamento de dados bem executado minimiza erros, otimiza o uso dos recursos, identifica demandas e necessidades, e fornece uma base sólida para a análise e a tomada de decisão. Portanto, investir tempo e esforço nessa etapa é fundamental para garantir o sucesso do planejamento hortícola.

Dados de Mercado para o Planejamento do Cultivo de Hortaliças

No mundo atual, a coleta e análise de dados de mercado são fundamentais para o planejamento eficiente do cultivo de hortaliças. Os produtores precisam ter acesso a informações precisas e atualizadas sobre as tendências e demandas dos consumidores, bem como as oportunidades e desafios do setor. Esses dados fornecem uma visão abrangente do ambiente em que estão inseridos, permitindo que os agricultores tomem decisões informadas e maximizem suas chances de sucesso.

Ao coletar e analisar os dados de mercado, os agricultores podem entender as preferências dos consumidores, seus hábitos de consumo e suas exigências em relação à qualidade e segurança dos alimentos. Isso possibilita direcionar as produções de forma mais assertiva, atendendo às demandas específicas do mercado. Além disso, a compreensão do raio de ação do mercado, assim como a infraestrutura disponível para o escoamento da produção, são informações essenciais para estimar a demanda e dimensionar a produção adequadamente.

A distância entre a propriedade e o local de comercialização também é um aspecto relevante a ser considerado. Essa informação afeta diretamente os custos de transporte e logística, bem como a qualidade e frescura dos produtos. Compreender a infraestrutura de comercialização existente na região ajuda os agricultores a estabelecer canais de venda mais eficientes e alcançar um público mais amplo.

A análise dos dados de mercado permite identificar oportunidades de nicho e possíveis parcerias comerciais. Conhecer a infraestrutura de comercialização na região, como supermercados, feiras livres e restaurantes, pode ser de grande auxílio na escolha dos canais de venda mais adequados.

É importante ressaltar que a coleta de dados deve ser feita de forma ética, respeitando a privacidade dos proprietários e seguindo as legislações vigentes de proteção de dados. Coletar e analisar dados da propriedade é essencial para um bom planejamento e gestão rural. Essas informações embasam decisões visando a maximização da produtividade, sustentabilidade e sucesso do empreendimento agrícola ou pecuário. Dados detalhados sobre localização geográfica, área e produção existente, características do solo, máquinas e equipamentos, infraestrutura física, condições climáticas, mão de obra e nível de escolaridade do proprietário são necessários para realizar uma avaliação abrangente da infraestrutura física e das condições climáticas da propriedade. Essas informações fornecem a base para um planejamento adequado, impulsionando o desenvolvimento e a sustentabilidade da propriedade rural.

Avaliando o Raio de Ação do Mercado

Ao iniciar um empreendimento, é essencial compreender o ambiente no qual você pretende inserir seus produtos ou serviços. Para isso, é fundamental avaliar o raio de ação do mercado, ou seja, a extensão geográfica na qual sua oferta poderá alcançar potenciais consumidores. Essa avaliação é crucial para determinar a demanda potencial pelos seus produtos e planejar estratégias de atuação eficazes.

Existem diferentes níveis de abrangência de mercado, que variam desde uma atuação restrita a um local específico até uma cobertura regional ou até mesmo nacional. Para identificar o raio de ação do mercado, é necessário realizar uma análise minuciosa utilizando diversas ferramentas e técnicas de pesquisa de mercado.

O primeiro passo nesse processo é compreender o tamanho do mercado em potencial. O tamanho do mercado é o número de pessoas ou empresas que podem ser consideradas como potenciais compradores de um determinado produto ou serviço. Essa avaliação fornecerá uma estimativa do tamanho do público-alvo, do volume potencial de vendas e do fluxo de receita associados.

Uma importante ferramenta nesse sentido é a pesquisa de mercado. Ela proporciona uma visão ampla do negócio, considerando todos os componentes do mercado que influenciarão suas estratégias empresariais. Existem diferentes tipos de pesquisa de mercado disponíveis, como o diagnóstico de mercado, que é geralmente o primeiro passo para se realizar um estudo sobre ele.

A análise de mercado desempenha um papel fundamental nesse processo, pois permite obter dados e informações relevantes sobre o mercado no qual seu negócio está inserido. Ela é importante tanto no início, para que seu empreendimento saia do papel e se torne viável, quanto durante toda a sua existência. Essa análise abrange desde a obtenção de dados sobre a concorrência até a identificação de oportunidades e benchmarks relevantes.

No contexto da avaliação do raio de ação do mercado, é importante considerar o uso de questionários de pesquisa de mercado. Esses questionários podem conter perguntas essenciais que ajudarão a obter clareza sobre o mercado específico no qual sua empresa atua. Cabe ressaltar que cada área de atuação pode exigir perguntas próprias para uma melhor compreensão do segmento.

Além disso, o marketing de produto desempenha um papel crucial ao inserir um produto no mercado com sucesso. Ele engloba técnicas e processos que definem o posicionamento do produto, canais de divulgação e estratégias comerciais, buscando conectar o produto ao público-alvo.

A fim de maximizar os resultados, é crucial aprimorar o manejo das palavras-chave em seus textos, conceber títulos intrigantes e conceber conteúdos abrangentes e instrutivos que atendam plenamente às demandas do seu público. Nos tempos atuais, não se resume mais a apenas apresentar o produto e o preço; é essencial adotar uma abordagem mais abrangente em relação à divulgação. Assim, é possível atrair um maior número de indivíduos interessados no seu segmento de mercado.

Compreendendo os Hábitos de Consumo da População

Ao produzir hortaliças, é de suma importância compreender os hábitos de consumo da população que será atendida dentro do seu raio de atuação. Consumidores informados estão cada vez mais preocupados com a origem e a segurança dos alimentos que consomem, tornando essencial coletar informações sobre suas preferências em relação à qualidade, origem e boas práticas agrícolas.

A pesquisa de mercado desempenha um papel fundamental nesse processo, permitindo que os produtores compreendam as demandas e necessidades dos consumidores. Ao obter informações valiosas sobre os hábitos de consumo, é possível ajustar as práticas de produção e oferecer produtos que atendam às expectativas do público-alvo.

Uma das principais preocupações dos consumidores atualmente é a origem dos alimentos. Eles desejam saber de onde vêm os produtos que estão consumindo, como foram produzidos e se seguem boas práticas agrícolas. Portanto, os produtores de hortaliças devem ser transparentes em relação à origem de seus produtos, fornecendo informações claras sobre as práticas sustentáveis adotadas durante o cultivo e a colheita.

A qualidade dos alimentos é uma prioridade para os consumidores. Eles buscam produtos frescos, nutritivos e livres de agrotóxicos. Portanto, os produtores devem se esforçar para oferecer hortaliças de alta qualidade, garantindo que sejam cultivadas com cuidado e atendam aos padrões de segurança alimentar.

Os hábitos de consumo também estão relacionados ao estilo de vida das pessoas. Com a correria do dia a dia, muitos consumidores valorizam a conveniência e a praticidade na hora de escolher seus alimentos. Nesse sentido, oferecer opções de hortaliças pré-lavadas, embaladas e prontas para consumo pode atrair esse público.

Outro ponto importante a ser considerado são as preferências de sabor e variedade. Os consumidores têm diferentes gostos e podem optar por uma ampla gama de hortaliças. Portanto, é essencial diversificar a produção e oferecer uma variedade de opções para atender a essas preferências individuais.

A pesquisa de mercado pode auxiliar na identificação dessas preferências, bem como na compreensão das tendências de consumo. Por exemplo, a busca por alimentos orgânicos e sustentáveis tem se tornado cada vez mais comum. Os consumidores estão mais conscientes dos impactos ambientais e desejam apoiar práticas agrícolas que sejam amigáveis ao meio ambiente.

Portanto, ao coletar informações sobre os hábitos de consumo da população, os produtores de hortaliças podem ajustar suas práticas agrícolas e estratégias de marketing para atender às demandas do mercado. Isso inclui enfatizar a qualidade, a origem e as boas práticas agrícolas adotadas, além de oferecer conveniência e variedade aos consumidores. Compreender e atender às preferências dos consumidores é fundamental para o sucesso na indústria de hortaliças e para construir uma relação de confiança com o público-alvo.

Considerando a distância entre a propriedade e o local de comercialização

A comercialização de produtos agrícolas envolve uma série de fatores a serem considerados para garantir o sucesso do negócio. Um desses fatores cruciais é a distância entre a propriedade onde as hortaliças são cultivadas e o local de comercialização. Essa distância desempenha um papel fundamental na determinação dos custos de transporte e logística, bem como na qualidade e frescor dos produtos que chegam aos consumidores finais.

Quando se trata de hortaliças, a frescura e a qualidade são aspectos essenciais para os clientes. Portanto, é crucial que os produtos sejam entregues em tempo hábil e em condições adequadas. A distância entre a propriedade e o local de comercialização pode afetar diretamente esses aspectos. Vamos explorar alguns pontos-chave a serem considerados ao avaliar o mercado nesse contexto.

Primeiramente, é importante analisar a logística necessária para transportar as hortaliças da propriedade até o local de comercialização. Isso inclui identificar as rotas disponíveis, os meios de transporte adequados e os prazos de entrega viáveis. Uma logística eficiente ajudará a minimizar os custos de transporte e garantir que os produtos cheguem frescos e em condições ideais ao seu destino final.

É essencial levar em consideração os custos envolvidos no transporte dos produtos. Quanto maior a distância entre a propriedade e o local de comercialização, maiores serão os custos de transporte. Isso pode afetar a competitividade dos preços dos produtos e, consequentemente, a demanda dos consumidores. É importante realizar uma análise cuidadosa para garantir que os custos de transporte sejam viáveis e não comprometam a rentabilidade do negócio.

Além dos custos de transporte, a distância entre a propriedade e o local de comercialização também pode influenciar a qualidade e a frescura dos produtos. Quanto mais longa for a distância percorrida, maior será o tempo de transporte e, consequentemente, maior será o risco de deterioração dos produtos. É importante estabelecer sistemas adequados de refrigeração e armazenamento durante o transporte para garantir que as hortaliças cheguem frescas e em condições ideais aos consumidores.

Outro aspecto a considerar é a disponibilidade de mercados mais próximos da propriedade. A escolha de locais de comercialização mais próximos à propriedade pode reduzir significativamente a distância percorrida e, consequentemente, os custos de transporte. Além disso, essa proximidade pode permitir uma entrega mais rápida dos produtos, mantendo sua frescura e qualidade.

Por fim, é fundamental avaliar as necessidades e preferências dos consumidores em relação à distância entre a propriedade e o local de comercialização. Em alguns casos, os consumidores podem valorizar produtos locais, frescos e cultivados de forma sustentável. Nesses casos, uma menor distância entre a propriedade e o local de comercialização pode ser um diferencial competitivo. Conhecer o perfil do público-alvo e adaptar a estratégia de comercialização de acordo com suas preferências pode ser um elemento-chave para o sucesso do negócio.

Verificando a infraestrutura para escoamento da produção

Ao planejar o cultivo de hortaliças, é crucial considerar a infraestrutura disponível para o escoamento da produção. Pesquisas realizadas destacam que a diferença de renda média por estabelecimentos pode variar significativamente entre diferentes regiões. Portanto, é importante conhecer a capacidade de transporte, armazenamento e distribuição existente na área de atuação desejada.

No Brasil, a falta de infraestrutura e os custos com logística são considerados grandes desafios para o escoamento da produção agrícola, como é o caso das hortaliças. A infraestrutura de transportes desempenha um papel fundamental na redução dos custos de transferência de mercadorias necessárias ao sistema produtivo e no aumento do acesso a bens e serviços para a população.

Dentre os elementos-chave a serem avaliados na infraestrutura para o escoamento da produção, destacam-se os seguintes:

Transporte

É fundamental verificar a existência e a qualidade dos modais de transporte, como rodovias, ferrovias, hidrovias, portos e aeroportos. No caso específico das hortaliças, é importante considerar a capacidade desses modais de garantir o transporte rápido e eficiente, preservando a qualidade dos produtos perecíveis. A falta de infraestrutura de transporte pode gerar gargalos e aumentar os custos logísticos.

Armazenamento

É necessário avaliar a disponibilidade de estruturas de armazenamento adequadas, como silos e câmaras frias, que permitam a conservação das hortaliças em condições adequadas até o momento da distribuição. A falta de infraestrutura de armazenamento pode levar a perdas de qualidade e valor dos produtos agrícolas.

Distribuição

Deve-se considerar a existência de uma rede eficiente de distribuição, que permita o escoamento ágil e seguro das hortaliças do produtor até o consumidor final. Isso inclui a disponibilidade de centros de distribuição, empresas de logística e sistemas de transporte urbano. É importante ressaltar que o Brasil ainda apresenta deficiências de infraestrutura que dificultam o crescimento do país, especialmente no setor de transporte. No entanto, esforços têm sido feitos para melhorar a situação, como investimentos em infraestrutura de transporte e projetos de planejamento estratégico. Essas ações visam impulsionar o desenvolvimento econômico e elevar a capacidade competitiva da indústria brasileira.

Infraestrutura de Comercialização Existente

A infraestrutura de comercialização desempenha um papel crucial no desenvolvimento econômico de uma região, abrangendo serviços e estruturas necessárias para a distribuição e acesso aos produtos, além de conexões entre produtores, fornecedores e consumidores. A avaliação dessa infraestrutura é essencial para compreender o setor atual e identificar oportunidades de melhoria, como capacidade de distribuição, vias de acesso, canais de venda e pontos fortes. Identificar parceiros estratégicos alinhados aos objetivos dos produtores, como supermercados, feiras livres e restaurantes, é fundamental. Analisar a presença de grandes redes de supermercados, suas políticas de compra e exigências de qualidade também é importante. Feiras livres e restaurantes com foco em ingredientes frescos são parceiros potenciais, agregando valor aos produtos e fornecendo um canal direto de venda. Desafios como falta de investimento em infraestrutura, transporte rodoviário predominante e serviços de saneamento, energia e telecomunicações precisam ser superados. Parcerias com entidades governamentais, privadas e de fomento são cruciais para captar recursos e implementar projetos de modernização. Avaliar a infraestrutura contribui para o desenvolvimento agrícola, identificando parceiros comerciais estratégicos, desafios e oportunidades de melhoria, promovendo o crescimento econômico regional.

Dados da Propriedade - Avaliando a Infraestrutura Física e as Condições Climáticas

Ao planejar e gerenciar uma propriedade rural, a coleta e análise de dados desempenham um papel fundamental. É essencial obter informações abrangentes sobre a localização geográfica, área e produção, bem como as características do solo. A localização geográfica, que inclui a altitude, longitude e latitude, exerce influência sobre o clima e orienta as práticas agrícolas mais adequadas. Ao mesmo tempo, é preciso conhecer a área atual e a produção existente, a fim de obter insights valiosos sobre a capacidade produtiva e identificar oportunidades de expansão. Além disso, as características do solo, como tipo, declividade e potencial hídrico, são cruciais para um manejo adequado das culturas. É imprescindível que a coleta desses dados seja realizada de forma ética, respeitando a privacidade dos proprietários e seguindo as leis vigentes de proteção de dados. Tais informações permitem um planejamento e gestão rural eficientes, visando maximizar a produtividade e alcançar o sucesso em empreendimentos agrícolas ou pecuários.

Altitude

A altitude é um dos elementos-chave da localização geográfica. Refere-se à distância vertical de um ponto específico em relação ao nível médio do mar. Essa informação é crucial para entender as características climáticas de uma região. À medida que a altitude aumenta, as temperaturas tendem a diminuir, devido aos efeitos do ar rarefeito. Além disso, a altitude influencia a distribuição das precipitações, a formação de ecossistemas e a disponibilidade de recursos hídricos. Através de medições precisas da altitude, podemos compreender melhor as características únicas de uma área geográfica e como elas afetam a vida humana e a natureza.

Longitude e Latitude

A longitude e a latitude são coordenadas geográficas utilizadas para determinar a localização precisa de um ponto na superfície terrestre. A latitude é a distância em graus de um ponto em relação à Linha do Equador, variando de 0° a 90° tanto no Hemisfério Norte quanto no Hemisfério Sul. Por sua vez, a longitude é a distância em graus de um ponto em relação ao Meridiano de Greenwich, variando de 0° a 180° tanto a leste quanto a oeste.

Essas coordenadas desempenham um papel crucial na identificação precisa de um local, permitindo uma localização global padronizada. Através das coordenadas geográficas, podemos determinar com precisão a posição de uma cidade, país ou qualquer outro lugar na Terra. Esses dados são fundamentais para a cartografia e a criação de mapas, bem como para o uso de sistemas de posicionamento global (GPS).

A Importância da Localização Geográfica na Análise da Propriedade

A localização geográfica desempenha um papel vital na análise da propriedade. Através da compreensão da altitude, longitude e latitude de um determinado local, é possível avaliar diversos fatores que afetam diretamente a propriedade, como o clima, a disponibilidade de recursos naturais e as práticas agrícolas apropriadas para a região.

Por exemplo, a altitude influencia a temperatura média de uma área, o que pode ser um fator determinante para a escolha de culturas agrícolas adequadas. Regiões de alta altitude geralmente apresentam temperaturas mais frias, o que pode favorecer o cultivo de certas culturas de clima temperado. Por outro lado, em áreas de baixa altitude e climas mais quentes, é possível cultivar culturas tropicais.

Além disso, a localização geográfica também está ligada à disponibilidade de recursos naturais, como água, minerais e energia. Através do conhecimento da longitude e latitude de um local, é possível identificar áreas ricas em recursos naturais e planejar de forma estratégica o seu aproveitamento.

Os sistemas de posicionamento global (GPS) desempenham um papel fundamental na obtenção precisa desses dados de localização. Eles permitem rastrear e mapear com precisão a posição de um ponto em relação às coordenadas geográficas. Dessa forma, o GPS se torna uma ferramenta essencial para a análise da propriedade, auxiliando na tomada de decisões informadas sobre a melhor utilização da terra.

A referência cartográfica também é uma maneira confiável de obter informações sobre a localização geográfica. Os mapas, por exemplo, fornecem dados detalhados sobre a altitude, os limites geográficos e outros elementos importantes para a análise da propriedade. Eles contêm elementos obrigatórios, como título, legenda, escala cartográfica, orientação e projeção, que auxiliam na interpretação correta das informações contidas.

A localização geográfica é um fator crucial para a análise da propriedade. A altitude, a longitude e a latitude são elementos fundamentais que influenciam o clima, a disponibilidade de recursos naturais e as práticas agrícolas adequadas à região. Com o auxílio de sistemas de posicionamento global (GPS) e referências cartográficas precisas, é possível obter informações precisas sobre a localização geográfica de um ponto específico. Esses dados são essenciais para a compreensão e planejamento estratégico das características e potenciais de uma área, permitindo uma tomada de decisão informada e eficaz.

Área e Produção Existente - Compreendendo a Capacidade Produtiva

O conhecimento detalhado da área total da propriedade e da produção existente é essencial para qualquer empreendimento agrícola. Esses dados fornecem uma base sólida para entender a capacidade produtiva da propriedade e para identificar oportunidades de crescimento e diversificação.

A área total da propriedade é o ponto de partida para qualquer análise relacionada à produção agrícola. Ela fornece uma visão panorâmica do espaço disponível para atividades agrícolas e é um fator determinante para a capacidade produtiva. Em alguns biomas, como a Amazônia, é necessário destinar uma porcentagem específica da área total para a Reserva Legal, além de proteger outras áreas ambientalmente sensíveis. Conhecer as regulamentações específicas relacionadas à área total da propriedade é fundamental para garantir a conformidade legal e a sustentabilidade ambiental.

Existem diversas formas de obter informações precisas sobre a área total da propriedade. Um método comum é realizar levantamentos diretamente na propriedade, como medições do terreno e mapeamento da área. Essas atividades podem ser realizadas por profissionais especializados ou até mesmo por meio de tecnologias avançadas, como imagens de satélite e drones. Além disso, registros de produção anteriores podem fornecer insights valiosos sobre a área utilizada e a produção alcançada.

Ao conhecer a área total da propriedade, é possível calcular a capacidade produtiva, que é o limite de produtos que podem ser cultivados ou produzidos com os recursos disponíveis. No entanto, é importante ressaltar que a capacidade produtiva não se resume apenas à quantidade de produtos que podem ser gerados. A qualidade dos produtos e serviços também desempenha um papel fundamental na capacidade produtiva e na satisfação do cliente. Portanto, é essencial buscar melhorias tanto na redução dos custos de produção quanto na melhoria da qualidade dos produtos e serviços oferecidos.

Com base nas informações sobre a área total da propriedade e a capacidade produtiva, os gestores podem identificar possíveis oportunidades de expansão ou diversificação das atividades agrícolas. Essas decisões estratégicas devem levar em consideração diversos fatores, como a demanda de mercado, a viabilidade econômica e a disponibilidade de recursos.

Características do Solo

O solo é um componente fundamental para o sucesso das atividades agrícolas, e compreender suas características é essencial para um manejo adequado das culturas.

Tipos de Solo

Os solos apresentam uma grande diversidade em termos de características físicas e químicas, influenciadas pelo clima, relevo, hidrografia e vegetação de determinada região. No Brasil, em virtude de sua ampla extensão territorial, encontramos solos com diferentes composições e formações pedogênicas específicas. Os solos mais comuns são do tipo argiloso e arenoso, podendo também ser classificados de acordo com a textura e a presença de areia ou argila em sua composição.

Declividade do Solo

A declividade do solo se refere à inclinação ou inclinações presentes em uma determinada área. Essa característica é importante, pois influencia a retenção de água e nutrientes, bem como o escoamento superficial e a erosão. Solos mais inclinados tendem a ter maior taxa de escoamento, o que pode levar à perda de nutrientes e à erosão do solo. Por outro lado, solos planos têm maior capacidade de retenção de água e nutrientes, proporcionando condições favoráveis ao crescimento das plantas. A declividade pode ser medida por meio de técnicas topográficas e é um fator crucial a ser considerado no manejo do solo.

Potencial Hídrico do Solo

O potencial hídrico do solo está relacionado à quantidade de água disponível para as plantas e é influenciado pela textura do solo, porosidade e capacidade de retenção de água. Solos com maior capacidade de retenção de água, como os argilosos, geralmente têm maior potencial hídrico. Por outro lado, solos mais arenosos podem ter menor capacidade de retenção de água, apresentando menor potencial hídrico. O conhecimento do potencial hídrico do solo é crucial para o manejo adequado da irrigação, uma vez que ajuda a determinar a frequência e a quantidade de água necessária para as culturas.

Análises Laboratoriais do Solo

As análises laboratoriais são uma ferramenta importante para obter informações detalhadas sobre a composição química, fertilidade e textura do solo. Essas análises envolvem a coleta de amostras de solo em diferentes profundidades e sua posterior análise em laboratório. Por meio dessas análises, é possível determinar os níveis de nutrientes, a acidez do solo, a capacidade de troca de cátions e outros parâmetros que afetam a produtividade das culturas. Essas informações auxiliam os agricultores a tomar decisões precisas em relação à adubação, calagem e manejo de nutrientes.

Observações Visuais e Problemas de Drenagem e Erosão

Além das análises laboratoriais, observações visuais também desempenham um papel importante na identificação de problemas relacionados à drenagem e erosão do solo. Manchas de água parada, encharcamentos, sulcos e ravinas são indicadores de problemas de drenagem, que podem afetar negativamente o desenvolvimento das plantas. Já a erosão do solo pode ser identificada por meio da presença de sulcos profundos, perda de camada superficial do solo e exposição de raízes. Ao identificar esses problemas precocemente, os agricultores podem adotar medidas corretivas, como a implementação de sistemas de drenagem adequados e práticas conservacionistas, visando à preservação do solo e ao aumento da produtividade agrícola.

Avaliação da Capacidade Operacional: Máquinas, Equipamentos, Veículos e Animais

Ao avaliar a capacidade operacional de uma propriedade, é fundamental coletar informações precisas e abrangentes sobre os recursos disponíveis, incluindo máquinas, equipamentos, veículos e animais. Esses dados são essenciais para uma gestão eficiente e estratégica, permitindo que os agricultores e produtores rurais tomem decisões informadas e maximizem o potencial de suas operações.

Inventários Físicos e Registros Contábeis

Uma das maneiras mais eficazes de obter informações sobre a quantidade, espécie e raça dos animais presentes na propriedade, bem como sobre as máquinas, equipamentos, veículos e implementos agrícolas disponíveis, é por meio de inventários físicos e registros contábeis. Essas práticas fornecem uma visão abrangente e detalhada dos recursos da propriedade, permitindo uma avaliação precisa de sua capacidade operacional.

O inventário físico envolve a contagem e identificação de cada animal presente na propriedade, juntamente com a verificação das condições de saúde e produtividade de cada um. Esse processo também se estende às máquinas, equipamentos, veículos e implementos agrícolas, onde é essencial avaliar seu estado de conservação, funcionamento e adequação para as atividades agrícolas desejadas.

Além disso, os registros contábeis desempenham um papel crucial na avaliação da capacidade operacional. Eles fornecem informações sobre o histórico de investimentos em máquinas, equipamentos, veículos e animais, incluindo custos de aquisição, depreciação e manutenção. Esses registros contábeis podem ser utilizados para calcular a vida útil restante dos ativos e para identificar necessidades futuras de atualização ou substituição.

Avaliação da Capacidade Produtiva

Uma vez que as informações sobre máquinas, equipamentos, veículos e animais tenham sido coletadas por meio de inventários físicos e registros contábeis, é possível realizar uma avaliação da capacidade produtiva da propriedade. Isso envolve analisar a eficiência e a capacidade de produção de cada recurso, bem como identificar possíveis gargalos e áreas de melhoria.

No contexto das máquinas, equipamentos e veículos, a capacidade produtiva refere-se à quantidade máxima de produtos ou serviços que podem ser produzidos eficientemente dentro de um determinado intervalo de tempo. É essencial conhecer a capacidade instalada, disponível, efetiva e realizada de cada recurso, a fim de otimizar seu uso e evitar subutilização ou superutilização.

No caso dos animais, a avaliação da capacidade produtiva envolve analisar sua taxa de reprodução, desempenho em termos de ganho de peso ou produção de leite, e potencial reprodutivo. Essas informações permitem aos produtores identificar áreas de melhoramento genético e tomar decisões estratégicas para maximizar a produção animal.

Planejamento e Gestão Estratégica

Com base nas informações coletadas sobre máquinas, equipamentos, veículos e animais, os agricultores e produtores rurais podem realizar um planejamento estratégico eficaz. Isso envolve estabelecer metas de produção, identificar áreas de investimento e atualização, e definir estratégias para otimizar a capacidade operacional da propriedade.

O planejamento e a gestão estratégica permitem que os produtores tomem decisões informadas sobre aquisição, substituição e manutenção de máquinas, equipamentos, veículos e animais. Também auxiliam na definição de estratégias de nutrição animal, manejo do rebanho, rotação de culturas e cronograma de plantio, a fim de maximizar a produtividade e a eficiência da propriedade.

Registro e Avaliação da Infraestrutura Física

A infraestrutura física de uma propriedade desempenha um papel fundamental na avaliação das condições de armazenamento, abrigo para animais, acessibilidade e segurança. Para garantir um bom gerenciamento e identificar possíveis necessidades de reformas ou melhorias, é essencial realizar um registro detalhado dessa infraestrutura.

A infraestrutura física, refere-se a todo o aparato físico presente em uma determinada localidade. Isso inclui construções, instalações elétricas, estradas e carreadores. Esses elementos são essenciais para garantir o funcionamento adequado da propriedade e são importantes para o desenvolvimento social e econômico do local.

Ao registrar a infraestrutura existente na propriedade, é possível obter uma visão clara do estado atual das construções, instalações elétricas e acessos. Isso permitirá uma análise mais precisa das condições de armazenamento e abrigo para animais, bem como a identificação de possíveis melhorias a serem realizadas.

No processo de registro da infraestrutura física, é recomendável seguir algumas etapas. Primeiramente, é importante realizar um levantamento completo das construções presentes na propriedade, incluindo galpões, estábulos, celeiros ou qualquer outra estrutura relevante. Anote as dimensões, o estado de conservação e a funcionalidade de cada construção.

Em seguida, verifique as instalações elétricas existentes, considerando tanto a distribuição de energia quanto a segurança dessas instalações. Anote quaisquer problemas identificados, como fiações expostas, falta de aterramento ou sobrecarga de circuitos. Essas informações serão úteis para planejar possíveis reformas ou melhorias na infraestrutura elétrica da propriedade.

Além disso, é essencial avaliar a condição das estradas e carreadores presentes na propriedade. Verifique se há buracos, erosões ou outros danos que possam comprometer a acessibilidade e a segurança. Anote também se essas vias estão adequadas para o trânsito de veículos e máquinas agrícolas.

Ao concluir o registro da infraestrutura física, você terá um panorama completo das condições de armazenamento, abrigo para animais, acessibilidade e segurança em sua propriedade. Essas informações serão valiosas para identificar necessidades de reformas ou melhorias, planejar investimentos futuros e garantir um ambiente adequado para suas atividades.

Lembre-se de que a infraestrutura física é essencial para a competitividade econômica, investir na melhoria contínua da infraestrutura da propriedade é fundamental para o seu sucesso a longo prazo. Ao realizar esse registro de forma adequada, você estará melhor preparado para identificar necessidades de reformas ou melhorias, garantindo condições ideais de armazenamento, abrigo para animais, acessibilidade e segurança.

Meios de Comunicação na Propriedade Rural

A comunicação desempenha um papel fundamental na propriedade rural, conectando agricultores, criadores de animais e demais envolvidos no setor agrícola. Através dos meios de comunicação disponíveis, como telefone, rádio e internet, os agricultores podem estabelecer uma comunicação eficiente tanto interna quanto externamente. Esses meios oferecem uma variedade de benefícios, desde facilitar a troca de informações técnicas e de mercado até fornecer acesso a dados atualizados.

O Papel do Telefone na Comunicação Rural

O telefone é um dos meios de comunicação mais tradicionais e amplamente utilizados na propriedade rural. Ele desempenha um papel fundamental na comunicação interna e externa, permitindo que os agricultores se conectem com outros membros da comunidade agrícola, fornecedores, clientes e autoridades locais. Através do telefone, os agricultores podem discutir assuntos importantes, como preços de mercado, condições climáticas, técnicas de cultivo e muito mais.

Além disso, o telefone é uma ferramenta valiosa para a comunicação de emergência na propriedade rural. Em casos de problemas ou situações urgentes, como doenças do gado, incêndios ou eventos climáticos extremos, os agricultores podem entrar em contato rapidamente com profissionais especializados, veterinários, bombeiros ou serviços de resgate. Essa comunicação ágil pode ajudar a evitar perdas significativas e garantir a segurança de todos na propriedade.

A Relevância do Rádio na Comunicação no Meio Rural

O rádio desempenha um papel fundamental na comunicação das áreas rurais. Ele proporciona uma forma acessível e conveniente de adquirir informações atualizadas sobre as últimas novidades no campo agrícola, condições climáticas, previsões, eventos e programas relacionados ao setor. Os agricultores têm a possibilidade de sintonizar estações de rádio locais ou regionais que disponibilizam conteúdo direcionado especificamente para a comunidade agrícola. Além disso, ao utilizar radioamadores, eles podem agilizar a comunicação entre propriedades, colaboradores e familiares, e também recorrer a eles em situações de emergência médica.

Uma das vantagens principais do rádio é sua capacidade de alcançar áreas remotas onde a conectividade com a internet pode ser limitada. Nas propriedades rurais, é comum encontrar dificuldades para obter um sinal de internet estável e confiável, o que pode prejudicar a comunicação online. Por outro lado, o rádio se mostra uma alternativa confiável e acessível, permitindo que os agricultores estejam atualizados com as informações mais recentes, mesmo em regiões com pouca cobertura de internet.

O Papel da Internet na Comunicação Rural

Nos últimos anos, a internet tem desempenhado um papel cada vez mais importante na propriedade rural. O acesso à internet permite que os agricultores acessem informações técnicas, dados de mercado, pesquisas agrícolas, cursos online e outros recursos que podem ajudar a melhorar a produtividade e eficiência em suas atividades. Além disso, a internet oferece oportunidades para a venda direta de produtos agrícolas, divulgação da propriedade e interação com clientes e consumidores através das redes sociais e websites.

A internet também possibilita a comunicação instantânea entre os membros da comunidade agrícola, fornecendo um canal eficiente para a troca de informações e experiências. Fóruns online, grupos de discussão e plataformas de mensagens são utilizados pelos agricultores para compartilhar conhecimentos, esclarecer dúvidas, buscar soluções para problemas e estabelecer parcerias com outros profissionais do setor.

Embora nem todas as áreas rurais tenham infraestrutura de internet adequada, o serviço de internet via satélite Starlink da SpaceX, fundada por Elon Musk em 2002, oferece uma solução inovadora. Com uma constelação de satélites em órbita terrestre baixa, o Starlink fornece internet rápida e de baixa latência para regiões remotas com acesso limitado. Cada satélite possui quatro antenas de alto desempenho, garantindo uma cobertura abrangente e confiável.

Com o Starlink, agricultores e residentes de áreas rurais podem superar os desafios de conectividade. Eles podem se beneficiar da comunicação facilitada, acesso a informações relevantes para a agricultura, transações comerciais online e oportunidades de aprendizado. O serviço já está disponível em diversos países, incluindo o Brasil, com estados como Santa Catarina, Paraná, São Paulo, Rio de Janeiro e Minas Gerais já possuindo acesso ao Starlink. Essa expansão contribui para democratizar o acesso à internet em áreas anteriormente desprovidas de infraestrutura de rede.

O Starlink da SpaceX é uma solução promissora para fornecer conectividade em áreas rurais e remotas. Com essa tecnologia avançada, agricultores e comunidades rurais podem desfrutar dos benefícios da comunicação online e do acesso à internet, superando as limitações de infraestrutura existentes.

Condições Climáticas: Dados Essenciais para a Agricultura e o Manejo

As condições climáticas desempenham um papel fundamental na agricultura e no manejo de culturas. A obtenção de dados climáticos precisos, como a precipitação pluviométrica, a umidade relativa e a série climática de temperatura ao longo do tempo, é crucial para a tomada de decisões adequadas na escolha das culturas e na implementação de práticas de manejo específicas.

A agricultura é altamente influenciada pelo clima. As condições climáticas, como a quantidade de chuva e a temperatura, afetam diretamente o desenvolvimento das culturas, a disponibilidade de água e a saúde das plantas. Portanto, conhecer os dados climáticos é essencial para garantir o sucesso da produção agrícola.

Uma das formas de obter informações sobre as condições climáticas é por meio das estações meteorológicas. Essas estações coletam dados em tempo real, fornecendo informações atualizadas sobre a temperatura, a umidade, a velocidade do vento, entre outros parâmetros climáticos. Esses dados são extremamente úteis para os agricultores, pois ajudam a monitorar as condições ambientais e a ajustar as práticas agrícolas de acordo com as necessidades das culturas.

No entanto, além das estações meteorológicas, também é possível obter dados climáticos por meio de registros históricos. Esses registros fornecem informações sobre as médias e variações climáticas ao longo do tempo em determinada região. Através desses registros, é possível ter uma visão mais ampla das características climáticas de uma localidade e identificar padrões sazonais que podem influenciar na escolha das culturas e no planejamento agrícola.

Uma fonte confiável de registros históricos é o Instituto Nacional de Meteorologia (INMET). O INMET disponibiliza dados climáticos em seu portal, permitindo o acesso a informações como a precipitação pluviométrica, a umidade relativa e a temperatura de diferentes períodos históricos. Esses dados podem ser utilizados para análises e estudos climatológicos, auxiliando agricultores, pesquisadores e profissionais do setor agrícola a tomar decisões embasadas em informações precisas e confiáveis.

O INMET também disponibiliza outras fontes de dados climáticos, como imagens de satélite e gráficos climatológicos. As imagens de satélite são utilizadas para elaborar previsões de curto prazo e fornecer informações em tempo real sobre a cobertura de nuvens, chuvas e outros fenômenos meteorológicos. Já os gráficos climatológicos apresentam as médias do clima em uma localidade com base em dados históricos de períodos de 30 anos.

A importância dos dados climáticos na agricultura vai além da escolha das culturas adequadas. Essas informações também são fundamentais para a implementação de práticas de manejo específicas. Por exemplo, ao conhecer a série climática de temperatura ao longo do tempo, os agricultores podem ajustar o calendário de plantio e colheita, otimizando o rendimento das culturas. Além disso, a precipitação pluviométrica influencia diretamente a necessidade de irrigação, permitindo o uso eficiente dos recursos hídricos e a economia de água.

Os dados climáticos são essenciais para a agricultura e o manejo adequado das culturas. Através dessas informações, obtidas por meio de estações meteorológicas e registros históricos, os agricultores podem tomar decisões embasadas, escolhendo as culturas adequadas, planejando o calendário de plantio e colheita, e implementando práticas de manejo específicas. A disponibilidade desses dados, fornecidos por instituições como o INMET e o INPE, é crucial para o desenvolvimento sustentável da agricultura e para a segurança alimentar das populações.

Mão de Obra e Nível de Escolaridade do Proprietário

No contexto da propriedade rural, a mão de obra desempenha um papel fundamental no planejamento e execução das atividades. É através do trabalho árduo e dedicado dos trabalhadores rurais que as operações agrícolas ganham vida, desde o plantio das sementes até a colheita dos frutos. Além disso, o nível de escolaridade do proprietário também pode influenciar diretamente nas decisões estratégicas e na adoção de novas tecnologias, impactando o sucesso e a eficiência da propriedade como um todo.

A quantidade de mão de obra disponível em uma propriedade rural é um fator crucial para o desempenho das atividades agrícolas. É essencial saber quantos trabalhadores estão disponíveis para executar as tarefas necessárias, como o plantio, a colheita e o manejo. Essas informações permitem um planejamento adequado, evitando sobrecarga ou ociosidade da mão de obra. Um número insuficiente de trabalhadores pode resultar em atrasos na realização das atividades, enquanto um excesso de mão de obra pode levar ao desperdício de recursos humanos e financeiros.

Além da quantidade, a qualidade da mão de obra é igualmente importante. Trabalhadores qualificados são capazes de desempenhar suas funções com eficiência, contribuindo para o aumento da produtividade e qualidade dos produtos agrícolas. Eles possuem conhecimentos específicos da atividade agrícola, compreendendo as melhores práticas, técnicas de manejo e cuidados com o solo e as plantas. Por outro lado, a falta de qualificação pode resultar em erros, baixa produtividade e desperdício de recursos. Investir na capacitação e formação dos trabalhadores rurais é essencial para melhorar suas habilidades e conhecimentos, promovendo um desempenho mais eficiente e sustentável das atividades na propriedade rural.

O nível de escolaridade do proprietário tem um papel significativo nas decisões estratégicas tomadas na propriedade rural. Um proprietário com maior nível de escolaridade tende a ter uma visão mais ampla das práticas agrícolas, além de estar mais atualizado sobre as novas tecnologias e métodos de produção. Isso pode influenciar diretamente na adoção de inovações, aumento da eficiência e melhoria dos resultados. Proprietários com maior escolaridade também têm maior probabilidade de buscar informações técnicas e científicas sobre agricultura, o que pode levar a uma gestão mais eficaz e sustentável da propriedade. Eles estão mais preparados para lidar com desafios e tomar decisões informadas, levando em consideração aspectos como conservação ambiental, uso racional dos recursos naturais e aplicação de boas práticas agrícolas.

Para obter informações precisas sobre a mão de obra e o nível de escolaridade do proprietário, é necessário utilizar métodos de coleta de dados adequados. As entrevistas e questionários são ferramentas comumente utilizadas nesse contexto. As entrevistas permitem uma interação direta entre o pesquisador e o proprietário rural. Nesse formato, é possível explorar questões mais aprofundadas, esclarecer dúvidas e obter informações qualitativas sobre a mão de obra disponível e o nível de escolaridade do proprietário. No entanto, é importante considerar que as entrevistas demandam tempo e recursos significativos, especialmente em propriedades rurais de grande porte.

Os questionários, por sua vez, podem ser uma opção mais prática para coletar informações de um grande número de proprietários. Eles permitem padronizar as perguntas e facilitar a análise dos dados. No entanto, é importante elaborar questionários claros e objetivos, de forma a garantir a compreensão e a consistência das respostas obtidas. Em ambos os casos, é fundamental garantir a confidencialidade das informações coletadas e obter o consentimento dos participantes da pesquisa. Além disso, é importante considerar a representatividade da amostra, selecionando de forma adequada os proprietários rurais a serem entrevistados ou que responderão aos questionários.

O conhecimento sobre a mão de obra disponível e o nível de escolaridade do proprietário é crucial para o desenvolvimento de estratégias eficientes e sustentáveis na propriedade rural. Com base nessas informações, os proprietários podem planejar adequadamente suas atividades, otimizar o uso dos recursos disponíveis e buscar oportunidades de melhoria. A mão de obra qualificada e um proprietário bem informado são ativos valiosos para o sucesso e crescimento da propriedade rural, contribuindo para a produção de alimentos de qualidade, preservação do meio ambiente e desenvolvimento socioeconômico das comunidades rurais.

Elaboração do Projeto: Planejando a Produção Agrícola Passo a Passo

A elaboração de um projeto é um passo fundamental para atingir os objetivos de produção de uma propriedade agrícola. Esse projeto consiste no processamento e organização de dados e informações de forma a guiar as ações do produtor passo a passo. É importante ressaltar que os dados da propriedade devem ser utilizados de maneira a se adequar às propostas de produção, o que pode envolver alterações na infraestrutura e até mesmo investimentos.

Em alguns casos, pode ser necessário realizar mudanças significativas na infraestrutura da propriedade a fim de adequá-la às demandas da produção. Isso implica em investimentos para melhorar as instalações, equipamentos e recursos disponíveis. Por outro lado, quando não é possível realizar grandes investimentos na propriedade, é necessário adaptar a produção aos recursos de infraestrutura disponíveis.

Para facilitar o entendimento, o texto base apresenta dois exemplos hipotéticos: a produção de alface e pimentão. No caso da alface, que é uma cultura em que cada planta é colhida apenas uma vez e tem pouca durabilidade no campo, a colheita tende a ser concentrada, ocorrendo de forma rápida e em um curto período de tempo. Outras culturas com características semelhantes, como almeirão, rabanete e milho verde, podem seguir esse padrão de colheita concentrada. No entanto, há culturas como beterraba, cenoura, couve-flor e repolho, em que cada planta também é colhida apenas uma vez, mas podem permanecer no campo por mais tempo sem passar do ponto de colheita. Nesses casos, a colheita pode ser mais espaçada em relação à alface.

No exemplo do pimentão, é mostrado um tipo de cultura em que ocorrem colheitas múltiplas ao longo de várias semanas na mesma planta. Outras culturas que apresentam esse padrão de colheita, que se estende por um período mais longo, são abóboras, berinjelas, tomates, entre outras.

A elaboração de um projeto é essencial para guiar as ações do produtor agrícola e atingir os objetivos de produção. Esse projeto deve levar em consideração os dados da propriedade e adequar a produção aos recursos disponíveis, seja por meio de investimentos na infraestrutura ou adaptando a produção às condições existentes. Os exemplos apresentados demonstram diferentes características de colheita, seja concentrada em um curto período de tempo ou estendida ao longo de várias semanas, dependendo da cultura em questão.

Planejamento e Estratégias para a Produção Escalonada de Alface em Cultivo Protegido

Área Total: 1600 m²
Produção Semanal: 1440 pés

    Neste capítulo, abordaremos o planejamento detalhado e as estratégias necessárias para a produção escalonada de alface em uma casa de vegetação, visando atingir uma venda semanal de 1440 pés. Discutiremos os desafios associados à produção em diferentes períodos do ano, bem como o ciclo da cultura da alface e os prazos envolvidos em cada etapa do processo. Além disso, exploraremos a divisão e o aproveitamento dos canteiros nas estufas, para garantir uma produção eficiente e consistente.

    A fim de estabelecer um processo de produção escalonada de alface, é crucial seguir todas as etapas preliminares de planejamento, determinando a quantidade e a frequência desejadas para a produção. Devido à imprevisibilidade das condições climáticas, é recomendável optar pelo cultivo protegido em estufa, pois isso proporciona uma produção mais consistente. Esse método apresenta vantagens significativas, especialmente durante as temperaturas amenas do inverno. Ao utilizar uma estrutura de proteção, é possível reduzir os riscos associados à produção em épocas quentes e chuvosas, como no verão.

O escalonamento adequado do plantio é essencial para atingir a produção semanal de 1440 pés de alface. O ciclo da cultura da alface envolve aproximadamente três semanas para a formação das mudas, seguidas de 35 a 42 dias até a colheita, além de uma semana para a realização da colheita propriamente dita. É importante considerar as variações possíveis de acordo com a cultivar plantada e a época do ano.

Para otimizar a produção, sugerimos a divisão dos canteiros nas estufas. Com base nas dimensões fornecidas (40,00 metros de comprimento por 10,00 metros de largura), recomendamos dividir cada estufa em seis canteiros. A cada semana, serão plantados três canteiros, totalizando 608 pés de alface por canteiro. Considerando um aproveitamento de cerca de 80%, alcançaremos uma produção semanal de aproximadamente 1.460 pés.

Além do escalonamento do plantio, é importante realizar a manutenção e o preparo adequado dos canteiros entre os ciclos de cultivo. O tempo necessário para preparar novamente a área pode variar de uma a duas semanas, antes de ocupá-la novamente com a alface.

Com as estratégias apresentadas neste capítulo, é possível estabelecer um planejamento sólido e alcançar a produção escalonada de alface desejada, garantindo uma oferta consistente ao longo do tempo. O uso do cultivo protegido em casa de vegetação e a correta divisão dos canteiros nas estufas contribuirão para minimizar os riscos e maximizar a eficiência na produção de alface.

Croqui do plantio da alface em estufa

A agricultura é uma atividade complexa que exige planejamento cuidadoso para garantir uma colheita eficiente. No caso específico da colheita em estufas, onde se pretende colher uma área correspondente a 200,00 m² por semana, é fundamental estabelecer um escalonamento de plantio adequado.

Para iniciar o processo de escalonamento de plantio, devemos entender que será necessário colher metade de uma estufa com uma área total de 400,00 m² por semana. Portanto, precisamos calcular o número de estufas necessárias para atingir essa meta. Com base nas informações fornecidas, serão necessárias 4 estufas (8 áreas) para completar o ciclo até a colheita e voltar em cada área.

Agora que temos o número de estufas necessárias, podemos prosseguir com o escalonamento de plantio. Para garantir uma colheita constante de 200,00 m² por semana, é preciso organizar as etapas do ciclo de forma a permitir o replantio sucessivo.

Vamos considerar um exemplo prático para entender melhor o escalonamento de plantio. Suponhamos que temos 4 estufas numeradas de 1 a 4. A ideia é que, a cada semana, seja realizada a colheita em uma estufa e o replantio em outra, garantindo assim um ciclo contínuo.

Semana 1
Estufa 1: Colheita dos 200,00 m²
Estufa 2: Replantio para a próxima colheita

Semana 2
Estufa 2: Colheita dos 200,00 m²
Estufa 3: Replantio para a próxima colheita

Semana 3
Estufa 3: Colheita dos 200,00 m²
Estufa 4: Replantio para a próxima colheita

Semana 4
Estufa 4: Colheita dos 200,00 m²
Estufa 1: Replantio para a próxima colheita

Após a quarta semana, voltamos à estufa 1 e o ciclo se repete. Dessa forma, garantimos uma colheita constante de 200,00 m² por semana, completando o ciclo e voltando em cada área.

É importante ressaltar que esse é apenas um exemplo simplificado de escalonamento de plantio. Na prática, diversos fatores devem ser considerados, como o tempo de crescimento das plantas, a disponibilidade de recursos e a logística de colheita.

Ao estabelecer um escalonamento de plantio eficiente, você maximiza a produtividade da sua área de cultivo, permitindo uma colheita constante e organizada.

O planejamento adequado é essencial para garantir o sucesso do empreendimento agrícola e alcançar os resultados desejados.

Tabela 1: Índices técnicos para produção de alface escalonada

Cultivares recomendadas	Cultivares de folhas lisas, crespas.
Produção prevista semanalmente	1440 pés (120 dúzias)
Produção prevista anualmente (1 ano = 52 semanas)	74.880 pés (6.240 dúzias)
Espaçamento da cultura	0,30 m x 0,25 m = 0,075 m²/pé Deve-se, no entanto, acrescentar em torno de 40% de área para cada planta, a qual é devida aos espaços ocupados pelos carreadores entre canteiros dentro da estufa. 0,075 x 1,40 = 0,11 m²/planta
Índice de aproveitamento de plantas	80 % de plantas aproveitáveis (20% são refugos). Assim deve-se dividir o número de plantas desejadas por 0,8 para se obter o total que deverá ser plantado.
Nº de plantas a serem plantadas por semana	1.440 / 0,8 = 1.800 plantas
Área necessária por semana	1.800 pés x 0,11 m2/pé = 198 m² (aproximadamente 200 m²)
Estufas necessárias por semana	½ estufa de 400 m², conforme croqui.
Ciclo da cultura	
Produção de mudas	21 dias (fase efetuada em estufa à parte, separada das estufas de produção propriamente dita)
Transplante à colheita	35 a 49 dias (5 a 7 semanas)= em média 6 semanas
Período de limpeza	Intervalo entre um plantio e outro, necessário para se fazer a limpeza e o preparo da área para novo plantio. Normalmente de 1 até 2 semanas.
Período total de ocupação da área	8 semanas
No médio de safras por ano no mesmo local (½ estufa de 400 m²)	52 semanas por ano / 8 semanas por safra = 6,5 safras por ano
No total de plantas plantadas por ano no mesmo local	1.824 plantas por safra semanal x 6,5 safras por ano = 11.856 pés por ano em 200 m² (1/2 estufa), ou 23.712 pés por ano em 1 estufa de 400 m²
No total de pés a serem plantados por ano (52 semanas)	1.824 pés por semana x 52 semanas por ano = 94.848 pés
Número de estufas necessárias para atender aos plantios semanais	94.848 pés por ano / 23.712 pés por ano por estufa de 400 m2 = 4 estufas (portanto deve-se construir 4 estufas
Área total construída com estufas	Aproximadamente 1.600 m² (4 estufas de 400 m²)
Área total anual plantada com alface	1.600 m² x 6.5 safras por ano = 10.400 m² ou 1,04 hectares

Organização e Acompanhamento de Atividades na Produção Agrícola

A produção agrícola é uma atividade complexa que requer um planejamento detalhado e uma execução precisa das tarefas diárias. Para auxiliar nesse processo, é fundamental que o produtor organize suas atividades de maneira eficiente, evitando a desorganização e o desperdício de tempo. Uma forma prática de realizar essa organização é por meio da utilização de tabelas ou fichas de programação de escalonamento.

As tabelas ou fichas de programação de escalonamento são ferramentas que permitem ao produtor visualizar e acompanhar todas as atividades que devem ser realizadas ao longo do ciclo produtivo. Elas proporcionam uma visão geral das tarefas, facilitando o monitoramento do progresso e o cumprimento do plano de escalonamento.

Existem diferentes formas de criar essas tabelas de atividades, e o Quadro 1 apresenta um exemplo de ficha de programação de escalonamento para a produção de alface até o terceiro ciclo de plantio em uma mesma área. Esse modelo serve como referência, mas cada produtor pode adaptá-lo ou criar seu próprio método de acompanhamento, levando em consideração as particularidades de sua produção e suas preferências.

Além das fichas de atividade impressas, também é possível utilizar aplicativos para celular, como planilhas eletrônicas, para organizar e controlar as atividades. Existem diversos modelos de planilhas prontas disponíveis, que podem ser utilizadas para criar um cronograma de atividades, atribuir responsabilidades, definir prazos e acompanhar o progresso de cada tarefa.

Independentemente do método escolhido, é essencial que o produtor tenha um sistema de acompanhamento claro e fácil de usar. Ao organizar as atividades em tabelas ou fichas, o produtor evita a perda de informações importantes e garante que todas as tarefas sejam realizadas de forma adequada e no prazo estipulado.

Uma dica importante é atualizar regularmente as tabelas ou fichas de atividades, registrando o progresso das tarefas, as datas de início e conclusão, e qualquer observação relevante. Isso permitirá ao produtor ter uma visão precisa do andamento da produção e identificar possíveis ajustes que precisam ser feitos ao longo do processo.

Em resumo, a organização e o acompanhamento das atividades na produção agrícola são fundamentais para garantir o cumprimento do plano de escalonamento. O uso de tabelas, fichas de atividade ou apps auxilia o produtor a se manter organizado e evitar desperdícios de tempo e recursos. Cabe ao produtor escolher o método mais adequado às suas necessidades e preferências, sempre buscando otimizar sua rotina de trabalho e garantir o sucesso de sua produção.

Quadro 1 - Ficha de escalonamento para produção de alface

Ciclo	Casa de Vegetação / Atividades	1		2		3		4	
		Data	Data	Data	Data	Data	Data	Data	Data
1º	Semeadura	01/01/2024	08/01/2024	15/01/2024	22/01/2024	29/01/2024	05/02/2024	12/02/2024	19/02/2024
	Transplante	22/01/2024	29/01/2024	05/02/2024	12/02/2024	19/02/2024	26/02/2024	04/03/2024	11/03/2024
	Colheita	04/03/2024	11/03/2024	18/03/2024	25/03/2024	01/04/2024	08/04/2024	15/04/2024	22/04/2024
2º	Semeadura	26/02/2024	04/03/2024	11/03/2024	18/03/2024	25/03/2024	01/04/2024	08/04/2024	15/04/2024
	Transplante	18/03/2024	25/03/2024	01/04/2024	08/04/2024	15/04/2024	22/04/2024	29/04/2024	06/05/2024
	Colheita	29/04/2024	06/05/2024	13/05/2024	20/05/2024	27/05/2024	03/06/2024	10/06/2024	17/06/2024
3º	Semeadura	22/04/2024	29/04/2024	06/05/2024	13/05/2024	20/05/2024	27/05/2024	03/06/2024	10/06/2024
	Transplante	13/05/2024	20/05/2024	27/05/2024	03/06/2024	10/06/2024	17/06/2024	24/06/2024	01/07/2024
	Colheita	24/06/2024	01/07/2024	08/07/2024	15/07/2024	22/07/2024	29/07/2024	05/08/2024	12/08/2024

Planejamento e Estratégias para a Produção Escalonada de Pimentão em Cultivo Protegido

A produção escalonada de pimentão é uma estratégia eficiente para garantir uma colheita constante e de qualidade ao longo do tempo. Neste capítulo, abordaremos os principais aspectos relacionados ao planejamento e gerenciamento desse tipo de produção.

Planejamento do período de produção

Para programar a produção de 40 caixas de 10 kg (400 kg) de pimentão por semana, é importante levar em consideração o tempo necessário para o crescimento das mudas em bandejas de isopor, bem como o período de cultivo após o transplante até o início da colheita. Em média, estima-se um período de 5 a 6 semanas para o crescimento das mudas e mais 10 semanas após o transplante para iniciar a colheita.

Duração da colheita em casa de vegetação

O período de colheita do pimentão em casa de vegetação pode variar significativamente, dependendo do manejo adotado e da demanda do mercado, entre outros fatores. Geralmente, o pimentão pode ser colhido por um período mínimo de 3 meses até um máximo de aproximadamente 12 meses. Colher por períodos mais curtos geralmente garante a produção de frutos de melhor qualidade. Além disso, a produtividade também está relacionada ao tempo de permanência da cultura na estufa. Em um período de colheita de 3 meses (12 semanas), é razoável esperar uma produtividade de 60 toneladas por hectare.

Intervalo entre semeaduras

Para manter uma colheita constante e preservar a qualidade dos frutos, é necessário ter pelo menos duas áreas de produção simultaneamente. Nesse caso, o intervalo entre as semeaduras deve ser igual à metade do período de colheita. Dessa forma, sempre haverá duas áreas em diferentes estágios de colheita: uma no início e outra no final. O intervalo entre as semeaduras pode ser calculado usando a seguinte fórmula:

IS = 1/2 PC

Onde:
IS = intervalo entre as semeaduras
PC = período de colheita

Tamanho de cada área de plantio

Como mencionado anteriormente, duas áreas de produção são necessárias para manter a colheita constante. A cada semana, em cada área, deve-se colher em média a metade da necessidade de produção semanal, ou seja, 20 caixas de 10 kg em cada área. Ao longo de um período de colheita de 12 semanas, cada área deverá produzir 240 caixas de 10 kg de pimentão, totalizando uma produção média de 2.400 kg. Considerando uma produtividade média em estufa de cerca de 60.000 kg/ha, podemos calcular o tamanho de cada área usando a fórmula:

Área = (1/2 DS x PC)/R

Onde:
DS = demanda semanal (em kg/semana)
PC = período de colheita (número de semanas)
R = rendimento esperado da cultura por hectare (kg/ha)

Substituindo os valores estimados de produção, temos:
Área = (1/2 x 400 kg/semana x 12 semanas) / 60.000 kg/ha
Área = 0,04 ha

Número de áreas necessárias

O número de áreas necessárias (NA) para manter uma produção constante e de qualidade, de acordo com o intervalo de semeaduras, pode ser calculado usando a seguinte fórmula:

NA = (PO + L)/IS

Onde:
NA = número de áreas
PO = período de ocupação da área com a cultura (semanas)
IS = intervalo entre as semeaduras (em semanas, obtido na primeira fórmula)
L = intervalo necessário para limpeza e preparo da área para um novo plantio (semanas)

Para obter mais detalhes e cálculos específicos para esse projeto de produção escalonada de pimentão, você pode consultar a Tabela 2.

TABELA 2 - Dados técnicos sobre a cultura de pimentão

Cultivar recomendada	Cultivares de pimentão, de preferência híbridos.
Produção prevista semanalmente	40 caixas de 10 kg
Total de caixas K e quantidade em kg necessárias anualmente	40 caixas / semana x 52 semanas/ano = 2.080 caixas 2.080 caixas x 10 kg/caixa= 20.800 kg/ano
Rendimento médio previsto por hectare	60 toneladas
Espaçamento	1,00 x 0,50 m
Ciclo da cultura	
- Fase de produção de mudas:	Fase em que as plantas se encontram em uma estufa de mudas, separada da área de produção – 35 a 42 dias (5 a 6 semanas)
- Fase de desenvolvimento vegetativo e frutificação:	Período compreendido entre o transplante das mudas e o início da colheita – 70 dias (10 semanas)
- Fase de produção:	Período que vai do início ao término da colheita PC = 12 semanas
- Período de ocupação:	Período total em que as plantas permanecem na estufa (compreende o período de desenvolvimento mais o período de colheita). PO = 22 semanas.
- Período de limpeza:	Tempo necessário para se fazer a limpeza da área, retirar estaqueamento, arames, etc... e se preparar a área para novo plantio. Neste caso pode-se considerar 2 semanas. L= 2 semanas
Intervalo entre semeaduras	IS = 1/2 PC IS = ½ x 12 semanas IS = 6 semanas
Número de áreas necessárias	NA= ((PO + L)/IS) = ((22 + 2)/6) = 4 áreas
Produção necessária para atender à demanda semanal, durante 12 semanas de colheita.	12 semanas de colheita x 400 kg/ semana = 4.800 kg
Produção de cada área, visto que se mantém 2 áreas em produção	4.800 kg / 2 áreas = 2.400 kg por área
Tamanho de cada área para se atingir a produção de 2.400 kg em 12 semanas, com produtividade média esperada de 60.000 kg por hectare.	Área= (½ DS x PC)/R = (200 kg/semana/área x 12 semanas)/60.000 kg/ha = 0,04 ha/área
Área total necessária construída com estufas	4 estufas x 0,04 ha (400 m²) por estufa= 1.600 m²
No médio de safras por ano no mesmo local (1 estufa de 400 m2)	52 semanas por ano / 24 semanas por safra = 2,167 safras por ano
Área total plantada anualmente com pimentão	2,167 safras/ano x 1600 m² = 3.467 m² cultivados por ano
Produção estimada anual na área	0,3467 ha x 60.000 kg/ha = 20.800 kg

Quadro 2 - Ficha de escalonamento para produção de pimentão

Ciclos	Casas de Vegetação Atividades	1 Data	2 Data	3 Data	4 Data
1º	Semeadura	01/01/2024	12/02/2024	25/03/2024	06/05/2024
	Transplante	12/02/2024	25/03/2024	06/05/2024	17/06/2024
	Inicio colheita	22/04/2024	03/06/2024	15/07/2024	26/08/2024
	Término colheita	15/07/2024	26/08/2024	07/10/2024	18/11/2024
2º	Semeadura	17/06/2024	29/04/2024	11/03/2024	22/01/2024
	Transplante	29/04/2024	11/03/2024	22/01/2024	04/12/2023
	Inicio colheita	07/10/2024	29/07/2024	20/05/2024	11/03/2024
	Término colheita	20/05/2024	11/03/2024	01/01/2024	23/10/2023

Elaboração de Orçamentos para Projetos Agrícolas

Ao iniciar um projeto agrícola, é essencial ter em mãos informações detalhadas sobre a infraestrutura existente, as culturas a serem estabelecidas e as áreas destinadas ao plantio durante o período de um ano. Com base nessas informações, podemos avançar para a etapa crucial da confecção dos orçamentos, a fim de cobrir os custos necessários para a implementação do projeto. Iremos explorar o processo de elaboração de orçamentos para projetos agrícolas, levando em consideração diferentes regiões e épocas de elaboração. Serão apresentadas planilhas que relacionam os itens e as quantidades necessárias para a confecção dos orçamentos, bem como a inclusão dos preços correspondentes a cada item para o fechamento final do orçamento.

Planilhas para Construção de Casas de Vegetação

A produção de mudas e o plantio de culturas em casas de vegetação têm se mostrado práticas eficientes para diversos agricultores. Portanto, disponibilizamos planilhas que detalham os materiais e as quantidades necessárias para a construção dessas estruturas.

Essas planilhas incluem desde os elementos básicos, como estruturas metálicas e coberturas, até os componentes específicos, como sistemas de ventilação e iluminação artificial. Através dessas planilhas, você terá uma base sólida para orçar a construção de casas de vegetação de acordo com as suas necessidades específicas.

Com estas informações e orientações, você estará preparado para elaborar orçamentos detalhados e precisos, garantindo uma gestão financeira eficiente em seu projeto agrícola. A próxima etapa será utilizar esses orçamentos como guias para a execução das atividades necessárias, auxiliando-o a alcançar o sucesso e a rentabilidade desejados em sua empreitada agrícola.

Casa de Vegetação para Produção de Mudas com Capacidade para 108 Bandejas

A construção de uma casa de vegetação é um passo importante para a produção de mudas de qualidade. Discutiremos a criação de uma casa de vegetação com capacidade para 108 bandejas de isopor, cada uma medindo 0,33 m de largura por 0,66 m de comprimento. Essa estrutura fornecerá um ambiente controlado e protegido para o desenvolvimento saudável das mudas.

Uma casa de vegetação adequada deve ser equipada com bancadas suspensas, onde as bandejas serão colocadas. Essas bancadas devem ser posicionadas a uma altura mínima de 30 a 40 cm do solo. Diversos materiais podem ser utilizados na construção das bancadas, como madeira, arame e ferro galvanizado. É importante garantir que as bancadas sejam robustas o suficiente para suportar o peso das bandejas com as mudas.

Entre as bancadas e nas laterais da casa de vegetação, é essencial haver uma área de circulação que facilite o trânsito dos produtores e permita o fácil acesso às bandejas. Essa área é especialmente importante durante o transporte das bandejas, pulverização, irrigação e outras atividades relacionadas ao cuidado das mudas.

Ao determinar a capacidade de uma casa de vegetação em relação ao número de mudas que ela pode comportar, é necessário considerar as diferentes divisões das células nas bandejas. Existem bandejas disponíveis com números variados de células, e a escolha do tipo de bandeja dependerá da espécie de planta que se deseja produzir. Para uma casa de vegetação com capacidade para 108 bandejas, podemos ter as seguintes quantidades de mudas, considerando diferentes tipos de bandejas:

Bandejas de 128 células: 108 bandejas x 128 células = 13.824 mudas.

Bandejas de 200 células: 108 bandejas x 200 células = 21.600 mudas.
Bandejas de 242 células: 108 bandejas x 242 células = 26.136 mudas.
Bandejas de 288 células: 108 bandejas x 288 células = 31.104 mudas.

Normalmente, as bandejas de 128 células são utilizadas para mudas que ficam mais tempo nas mesmas bandejas, como é o caso do pimentão. Por outro lado, as bandejas com maior número de células são usadas para mudas de produção mais rápida e menor porte, como é o caso da alface.

Croqui de uma casa de vegetação para produção de mudas

Dimensões de 8,00 m de comprimento x 6,00 m de largura

Materiais necessários para confecção do orçamento de uma casa de vegetação para produção de mudas, com dimensões de 8,00 m de comprimento x 6,00 m de largura:

Especificação	Unidade	Quantidade	Unitário (R$)	Total (R$)
Peças de eucalipto:				
3,50 x 0,15 a 0,20 m Ø	ud	10		
4,80 x 0,15 a 0,20 m Ø	ud	5		
3,50 x 0,08 a 0,10 m Ø	ud	10		
3,00 x 0,08 a 0,10 m Ø	ud	4		
4,00 x 0,08 a 0,10 m Ø	ud	2		
2,00 x 0,20 a 0,25 m Ø	ud	8		
Tábuas:				
4,00 x 0,25 x 0,025 m	ud	2		
Ripas:				
4,00 x 0,05 x 0,015 m	ud	10		
Caibro:				
2,00 x 0,12 x 0,08 m	ud	4		
Arame N° 10	Kg	5		
Pregos	Kg	5		
Filme plástico:				
4 x 100 x 100 anti UV	bobina	1		
Mão de obra:				
Carpinteiro	Serv	7		
Ajudante	Serv	7		
TOTAL				

Casa de vegetação para produção de hortaliças (alface e pimentão), com área de 400,00 m² (10,00 m de largura x 40,00 m de comprimento):

Especificação	Unid.	Quant.	Unit. (R$)	Total (R$)
Peças de eucalipto:				
4,00 x 0,15 à 0,20 m ø	Ud.	42		
6,00 x 0,15 à 0,20 m ø	Ud.	21		
5,50 x 0,08 à 0,10 m ø	Ud.	21		
5,80 x 0,08 à 0,10 m ø	Ud.	21		
4,00 x 0,08 x 0,10 m ø	Ud.	20		
5,00 x 0,08 à 0,10 m ø	Ud.	4		
Tábuas:				
4,00 x 0,20 x 0,025 m	Ud.	20		
Ripas :				
6,00 x 0,08 x 0,025 m	Ud.	32		
Pregos				
19 x 36	Kg	3		
18 x 27	Kg	2		
21 x 42	Kg	4		
Filme plástico:				
6 x 100 x 100 anti UV	bobina	1		
Mão de obra :				
Carpinteiro	Serv.	20		
Ajudante	Serv.	20		
<u>**Total**</u>				

Observações:

- As ripas devem ser resistentes, o aconselhável é que sejam tiradas em peças, por exemplo, de 0,06 x 0,16 ou 0,06 x 0,12 com 6,00 metros de comprimento.

- Os preços de eucalipto se referem à madeira não tratada; embora esta possa ter durabilidade de 5 anos, para fins de dimensionamento convém não considerar mais do que 4 anos.

Sistema de irrigação por gotejamento para oito casas de vegetação, com 400 m² (10,00 m x 40,00 m) cada:

Especificação	Unidade	Quant.	Unitário (R$)	Total (R$)
Conjunto moto-bomba	Ud.	1		
Mangote sucção 1 1/2"	Ud.	1		
Válvula de retenção	Ud.	1		
Cano PVC 1 ½ "	Ud.	3		
Cano PVC ¾ "	Ud.	6		
Conexões diversas	***	Sufic.		
Registro esfera PVC ¾"	Ud.	2		
Registro esfera PVC 1 "	Ud.	8		
Registro esfera PVC 1 ½ "	Ud.	1		
Injetor fertilizantes ¾"	Ud.	1		
Filtro de disco ou tela ¾"	Ud.	4		
Regulador de pressão ¾"	Ud.	4		
Tubo gotejador "queen gill"	Ud.	4000		
Conector com anel 16 mm	Ud.	100		
Tubo PVC 50 mm x 6,00 m PN-40	Ud.	10		
Tubo PVC 1 " x 6,00 m PN-60	Ud.	10		
Mão de obra instalação	***	Sufic.		
Total				

Custeio para a cultura da Alface (1 casa de vegetação, ou seja, 2 áreas de plantio com 1.824 plantas cada):

	Especificação	Unid.	Quant.	Unit. (R$)	Total (R$)
1	**PRODUÇÃO DE MUDAS:**				
	Sementes peletizadas	Kg	0,11		
	Bandejas	Unidade	2		
	Substrato	Saco	2		
	Mão de obra	D/H	1,5		
Subtotal 1					
2	**INSUMOS:**				
	Calcário	t	0,1		
	Adubo orgânico	m³	2		
	Adubo mineral de plantio:				
	Superfosfato simples	Kg	60		
	Cloreto de Potássio	Kg	2,4		
	Adubo cobertura:				
	Nitrato de potássio	Kg	7,4		
	Nitrato de cálcio	Kg	2,4		
	Uréia	Kg	11,2		
	Adubo foliar	Kg ou L	0,2		
	Inseticidas	Kg ou L	0,2		
	Fungicidas	Kg ou L	0,5		
	Espalhante adesivo	L	0,1		
Subtotal 2					
3	**MATERIAIS:**				
	Mulching	m²	400		
	Embalagens	milheiro	2,8		
Subtotal 3					
4	**SERVIÇOS:**				
	Aração/gradagem	H/T	0,5		
	Distribuição e incorporação de adubos	H/T	0,5		
	Levantamento e nivelamento de canteiro	D/H	1		
	Cobertura canteiros, marcação, distribuição e transplantio	D/H	2		
	Pulverizações/fertirrigações	D/H	1		
	Colheita, lavagem, seleção, classificação e embalagem	D/H	3		
	Transporte	R$/Km	2,88		
Subtotal 4					
Total Geral					

Custeio para a cultura do Pimentão (1 casa de vegetação de 400,00 m²):

	Especificação	Unid.	Quant.	Unit. (R$)	Total (R$)
1	**PRODUÇÃO DE MUDAS:**				
	Sementes	Kg	0,015		
	Bandeja	ud	10		
	Substrato	sc	2		
	Mão de obra	H/D	3		
Subtotal 1					
2	**INSUMOS:**				
	Calcário	kg	80		
	Esterco de curral	m³	1		
	Superfosfato simples	Kg	80		
	Cloreto de potássio	Kg	40		
	Adubo para fertirrigação:	Kg	4		
	MAP	Kg	8		
	Nitrato de potássio	Kg	10		
	Uréia	Kg	12		
	Inseticidas	Kg	1		
	Fungicidas	Kg	1		
Subtotal 2					
3	**MATERIAIS:**				
	Bambu gigante	ud	50		
	Arame no 16	Kg	3		
	Fita ráfia	Kg	3		
	Embalagens de isopor (0,5 Kg)	Kg	4800		
	Mulching plástico	Bobina	1		
Subtotal 3					
4	**SERVIÇOS**				
	Aração / gradagem	H/T	0,5		
	Distribuição e incorporação de adubos	H/T	0,5		
	Levantamento e nivelamento de canteiros	H/D	1		
	Cobertura de canteiros, marcação de covas e transplantio	H/D	2		
	Tutoramento, amarrio e desbrota	H/D	6		
	Pulverizações e fertirrigações	H/D	3		
	Colheita, lavagem, seleção, classificação e embalagem	H/D	5		
Subtotal 4					
TOTAL GERAL					

Dimensionamento Hidráulico para Irrigação de Estufas

O dimensionamento hidráulico é uma etapa essencial no planejamento de sistemas de irrigação em estufas. Na sequência, discutiremos as recomendações técnicas para dimensionar adequadamente o sistema hidráulico de irrigação, levando em consideração parâmetros específicos. Vamos rever as orientações necessárias para estabelecer um sistema eficiente de irrigação em suas estufas.

Antes de continuarmos, é primordial destacar que as informações aqui apresentadas foram obtidas por meio de consultas a especialistas de múltiplas áreas relacionadas ao cultivo de vegetais e investigações acadêmicas no campo da irrigação. Essas diretrizes têm como objetivo oferecer uma compreensão abrangente e não devem ser consideradas como substitutas de consultas com profissionais especializados em irrigação nem da realização de visitas técnicas ao local. É crucial ter em mente que cada contexto agrícola possui características únicas e, portanto, é fundamental adaptar as recomendações à situação específica.

Figura 3 - Esboço ilustrativo do sistema de irrigação

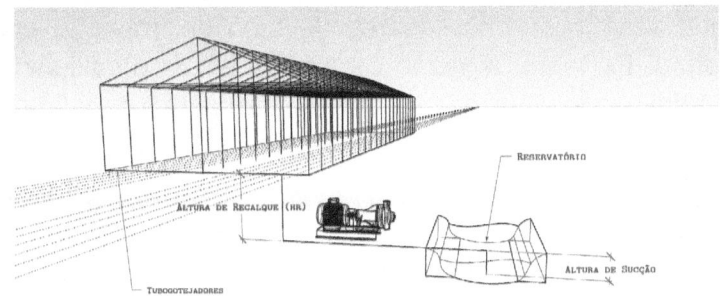

Para dimensionar o sistema hidráulico de irrigação, devemos considerar diferentes parâmetros de projeto. Vamos supor alguns valores para exemplificar o processo:

Altura de sucção (hs) = 2,00 m
Altura de recalque (hr) = 12,00 m
Perdas na tubulação (hf) = 7,00 m
Pressão de trabalho dos gotejadores (pg) = 5,00 m
Altura manométrica (hman.) = hr + hs + hf + pg

Substituindo os valores fornecidos na fórmula, obtemos:
12,00 + 2,00 + 7,00 + 5,00 = 26,00 m

Agora, vamos calcular a vazão dos gotejadores. Suponhamos que a vazão seja de 4,00 L.m-1.h-1 (litros por metro por hora).

Considerando que em cada estufa serão colocadas 12 linhas de irrigação, com 38,00 metros cada, temos um total de 456 metros lineares de tubo de irrigação por estufa. Portanto, a vazão para cada estufa é calculada multiplicando a vazão dos gotejadores pela extensão do tubo:

456,00 m x 4,00 L.m-1.h-1 = 1.824,00 L.h-1

Isso significa que o sistema de irrigação fornecerá uma vazão de 1.824 litros de água por hora para cada estufa.

Agora, vamos calcular a lâmina de água a ser aplicada. A lâmina de água depende da cultura, do solo e da região. Neste exemplo, consideramos a aplicação de uma lâmina de água em torno de 6,00 mm, que é uma quantidade média normalmente utilizada. Como a área de cada estufa é de 400 m2, será necessário aplicar 2.400 L de água por estufa.

Se a vazão dos gotejadores é de 1.824 L.h-1, a bomba teria que funcionar um pouco mais de uma hora para atingir os 2.400 L necessários para irrigar cada estufa. Dividindo a quantidade necessária pela vazão do sistema, obtemos o tempo de funcionamento da bomba:

2.400 L / 1.824 L.h-1 = 1 hora e 20 minutos.

Agora, considerando a vazão do sistema, a altura manométrica e o número de estufas a serem irrigadas simultaneamente, podemos dimensionar a bomba. Para calcular a potência da bomba, utilizamos a seguinte fórmula:

Potência em CV = (Q . hman) / 75R

Onde:
Q = vazão em L.s-1
hman = altura manométrica em metros
75 = fator de transformação para CV
R = rendimento ou eficiência da bomba, considerado neste caso como 70% ou 0,70.

Vamos considerar o dimensionamento de uma bomba com capacidade para irrigar até 4 estufas de cada vez. Seguindo os cálculos abaixo, obtemos:

Volume total de água necessário por hora:
1.824,00 L.h-1 (por estufa) x 4 estufas = 7.296,00 L.h-1

A bomba deverá ter uma vazão de 7.296 L.h-1 (ou aproximadamente 7,30 m3 h-1) e uma altura manométrica de 26,00 m.

Agora, vamos calcular a vazão em L.s-1. Dividindo a vazão requerida por hora pelo número de segundos em cada hora, obtemos o resultado em litros por segundo:

$$Q = 7300 \text{ L.h-1} \div 3600 \text{ s.h-1}$$
$$Q = 2,03 \text{ L.s-1}$$

Por fim, calculamos a potência da bomba utilizando a fórmula mencionada anteriormente:

$$\text{Potência} = 2,03 \text{ L.s-1} \times 26 \text{ m} / 75 \times 0,70$$
$$\text{Potência} = 1,03 \text{ CV}$$

Portanto, para atingir o objetivo desejado de irrigar 4 estufas de cada vez, seria necessário uma bomba com uma potência de 1,03 CV. Essa bomba atingirá uma vazão de **7,296 m³** de água em uma hora, sendo capaz de irrigar as quatro estufas em uma hora e vinte minutos. Além disso, essa mesma bomba poderá ser utilizada para ampliar a área a ser irrigada no futuro.

O dimensionamento hidráulico é uma etapa fundamental para garantir a eficiência e o sucesso do sistema de irrigação em estufas. Ao seguir essas recomendações técnicas e buscar a orientação de profissionais especializados, você estará no caminho certo para estabelecer um sistema de irrigação adequado às suas necessidades.

Modelos de Planilhas de Custo para Hortaliças

A gestão eficiente dos custos é essencial para o sucesso de qualquer empreendimento agrícola, especialmente quando se trata da produção de hortaliças. Neste capítulo, exploraremos algumas sugestões sobre planilhas de custo para diferentes tipos de hortaliças, fornecendo uma visão abrangente sobre como calcular e analisar os custos envolvidos na produção. Além disso, discutiremos a importância da depreciação das bandejas utilizadas para a produção de mudas, bem como a análise individual dos itens que compõem o custo total. Ao final de cada planilha, aprenderemos como obter o custo por unidade a ser comercializada, com base no custo total e na produção esperada.

Depreciação das Bandejas de Mudas

Ao produzir mudas de hortaliças utilizando bandejas, é importante considerar o custo dessas bandejas e sua vida útil. Uma prática comum é depreciar o custo das bandejas ao longo de 10 plantios. Em outras palavras, cada bandeja deve ter uma vida útil que permita ser utilizada em pelo menos 10 semeaduras subsequentes. Isso significa que o custo das bandejas será distribuído ao longo de vários plantios, ajudando a estimar os custos gerais da produção de mudas.

Avaliação Individual dos Custos

Uma planilha de custo eficiente deve permitir uma análise individual dos itens que compõem o custo total. Para isso, é recomendável incluir uma última coluna denominada "% total". Essa coluna permitirá uma avaliação do custo de cada item separadamente, possibilitando identificar quais itens têm maior impacto no custo total da produção de hortaliças. Ao analisar esses dados, os produtores podem tomar decisões mais informadas sobre a alocação de recursos e identificar possíveis áreas de redução de custos.

Custo por Unidade Comercializada

No final de cada planilha de custo, com base no custo total e na produção esperada, é possível calcular o custo por unidade a ser comercializada. Esse cálculo fornecerá uma estimativa do valor que cada unidade de hortaliça deve ter para cobrir todos os custos incorridos durante o processo de produção. É importante considerar o equilíbrio entre o custo de produção e o preço de mercado para garantir a lucratividade do empreendimento.

Apêndice

Cultura: Abóbora italiana					Área: 1,00 hectare	
ESPECIFICAÇÃO		Unid.	Quant.	Unit.(R$)	Total(R$)	% total
1	**PRODUÇÃO DE MUDAS:**					
	Sementes abóbora italiana	Kg	4			
	Bandejas	Unidade	15			
	Substrato	Saco	20			
	Mão de obra	D/H	2			
	Subtotal 1					
2	**INSUMOS:**					
	Calcário	t	2			
	Adubo orgânico	t	20			
	Adubo fórmula 4-14-8	t	1,5			
	Adubo Sulfato de Amonio	t	0,25			
	Inseticida Carbaryl	L	1			
	Inseticida Dimetoato	L	1			
	Enxofre 800G/Kg	Kg	8			
	Espalhante adesivo	L	3			
	Subtotal 2					
3	**SERVIÇOS:**					
	Aração	H/T	2			
	Gradagem	H/T	3			
	Abertura sulco	H/T	8			
	Distribuição dos adubos	D/H	4			
	Incorporação dos adubos	H/T	5			
	Transplantio	D/H	2			
	Capina manual	D/H	4			
	Adubação de cobertura	D/H	2			
	Irrigação	D/H	5			
	Pulverizações	D/H	6			
	Colheita, lavagem, seleção, classificação e embalagem	D/H	20			
	Subtotal 3					
4	**Outros:**					
	Frete comercialização	Cx	600			
	Embalagens (Caixa K, com retorno).	Cx	60			
	Óleo diesel para irrigação (300 mm)	L	375			
	Subtotal 4					
	Total Geral					
	Produção esperada (Caixa K com 20 Kg = 600)					
	Custo por caixa					

Cultura: Abóbora japoneza					Área: 1,00 hectare	
ESPECIFICAÇÃO		Unid.	Quant.	Unit. (R$)	Total (R$)	% total
1	**PRODUÇÃO DE MUDAS:**					
	Sementes abóbora japoneza	Kg	0,5			
	Sementes abóbora polinizadora	Kg	0,1			
	Bandejas	Unidade	2			
	Substrato	Saco	3			
	Mão de obra	D/H	1			
Subtotal 1						
2	**INSUMOS:**					
	Calcário	t	2			
	Adubo orgânico	t	5			
	Adubo fórmula 4-14-8	t	1			
	Adubo Sulfato de Amonio	t	0,25			
	Inseticidas	Kg/L	6			
	Fungicidas	Kg/L	8			
	Espalhante adesivo	L	3			
Subtotal 2						
3	**SERVIÇOS:**					
	Aração	H/T	2			
	Gradagem	H/T	3			
	Marcação de covas	D/H	2			
	Abertura de covas	D/H	2			
	Distribuição dos adubos	D/H	2			
	Incorporação dos adubos	H/D	2			
	Transplantio	D/H	2			
	Capina manual	D/H	20			
	Adubação de cobertura	D/H	1			
	Irrigação	D/H	10			
	Pulverizações	D/H	7			
	Colheita, lavagem, seleção, classificação e embalagem	D/H	15			
Subtotal 3						
4	**Outros:**					
	Frete comercialização	Sc	400			
	Embalagens (sacaria)	Ud	400			
	Óleo diesel p/ irrigação (300 mm)	L	375			
Subtotal 4						
Total Geral						
Produção esperada (Saco com 300 Kg = 400)						
Custo por saco						

Cultura: Abóbora menina						Área: 1,00 hectare
ESPECIFICAÇÃO		Unid.	Quant.	Unit. (R$)	Total (R$)	% total
1	PRODUÇÃO DE MUDAS:					
	Sementes	Kg	0,5			
	Bandejas	Unidade	2			
	Substrato	Saco	3			
	Mão de obra	D/H	1			
Subtotal 1						
2	INSUMOS:					
	Calcário	t	2			
	Adubo orgânico	t	10			
	Adubo fórmula 4-14-8	t	0,7			
	Adubo Sulfato de Amonio	t	0,25			
	Inseticida Carbaryl	L	2			
	Inseticida Dimetoato	L	1			
	Tiofanato metílico20% + Clorotalonil	Kg	2			
	Enxofre 800G/Kg	Kg	8			
Subtotal 2						
3	SERVIÇOS:					
	Aração	H/T	8			
	Gradagem	H/T	2			
	Marcação de covas	D/H	1			
	Abertura de covas	D/H	2			
	Distribuição dos adubos	D/H	2			
	Incorporação dos adubos	H/D	1			
	Transplantio	D/H	1			
	Capina manual	D/H	8			
	Adubação de cobertura	D/H	1			
	Irrigação	D/H	10			
	Pulverizações	D/H	7			
	Colheita, lavagem, seleção, classificação e embalagem	D/H	20			
Subtotal 3						
4	Outros:					
	Frete comercialização	Cx K	600			
	Embalagens	Ud	60			
	Óleo diesel para irrigação (300 mm)	L	375			
Subtotal 4						
Total Geral						
Produção esperada (Caixa Kc/ 20 Kg) : 600						
Custo por caixa						

Cultura: Alface						Área: 1,00 hectare
ESPECIFICAÇÃO			Unid.	Quant.	Unit. (R$)	Total (R$)	% total
1	PRODUÇÃO DE MUDAS:						
	Sementes peletizadas		Kg	4,7			
	Bandejas		Unidade	17			
	Substrato		Saco	22			
	Mão de obra		D/H	15			
Subtotal 1							
2	INSUMOS:						
	Calcário		t	2			
	Adubo orgânico		t	30			
	Adubo fórmula 4-14-8		t	2,5			
	Adubo bórax		t	0,03			
	Adubo sulfato de amônio		t	0,3			
	Inseticida		L	1			
	Fungicida		Kg	2			
	Espalhante adesivo		L	1			
Subtotal 2							
3	SERVIÇOS:						
	Aração/gradagem		H/T	4			
	Distribuição e incorporação de composto		H/T	10			
	Levantamento e nivelamento de canteiro		H/T	20			
	Transplantio		D/H	16			
	Capina manual		D/H	57			
	Adubação de cobertura		D/H	2			
	Irrigação		D/H	10			
	Pulverizações		D/H	4			
	Colheita, lavagem, seleção, classificação e embalagem		D/H	40			
Subtotal 3							
4	Outros:						
	Frete comercialização		Cx	3000			
	Embalagens (Caixa K, com retorno)		Cx	300			
	Óleo diesel para irrigação (300 mm)		L	375			
Subtotal 4							
Total Geral							
Produção esperada (Caixa K com 7 Kg) : 3.000							
Custo por caixa:							

Cultura: Batata						Área: 1,00 hectare
ESPECIFICAÇÃO		Unid.	Quant.	Unit. (R$)	Total (R$)	% total
1	INSUMOS					
	Batata semente (caixa com 30 kg)	Cx	70			
	Calcário	t	1			
	Adubo fórmula 8-28-16	t	2.5			
	Adubo sulfato de amônio	t	0.3			
	Inseticida	Kg/L	40			
	Fungicida	Kg	25			
	Espalhante adesivo	L	4			
Subtotal 2						
3	SERVIÇOS:					
	Aração	H/T	3			
	Gradagem	H/T	2			
	Sulcamento para plantio	H/T	4			
	Distribuição e incorporação de adubos	H/T	10			
	Levantamento das leiras	H/T	8			
	Plantio	D/H	10			
	Amontoa	H/T	4			
	Adubação de cobertura	D/H	2			
	Irrigação	D/H	10			
	Pulverizações	D/H	20			
	Colheita, lavagem, seleção, classificação e embalagem	D/H	60			
Subtotal 3						
4	Outros:					
	Frete comercialização	sc	500			
	Embalagens (sacaria)	sc	500			
	Óleo diesel para irrigação (600 mm)	L	750			
Subtotal 4						
Total Geral						
Produção esperada (Sacos com 50 Kg) : 500						
Custo por saco:						

Cultura: Beterraba — Área: 1,00 hectare

ESPECIFICAÇÃO		Unid.	Quant.	Unit. (R$)	Total (R$)	% total
1	PRODUÇÃO DE MUDAS:					
	Sementes	Kg	10			
Subtotal 1						
2	INSUMOS:					
	Calcário	t	2			
	Adubo orgânico	t	30			
	Adubo fórmula 4-14-8	t	2			
	Adubo Sulfato de Amonio	t	0,2			
	Inseticida	L ou Kg	4			
	Fungicida	Kg	4			
	Espalhante adesivo	L	1			
Subtotal 2						
3	SERVIÇOS:					
	Aração	H/T	3			
	Gradagem	H/T	2			
	Levantamento de canteiros	H/T	8			
	Distribuição dos adubos	D/H	2			
	Incorporação dos adubos	H/T	10			
	Semeadura	D/H	3			
	Raleio	D/H	15			
	Capina manual	D/H	25			
	Adubação de cobertura	D/H	4			
	Irrigação	D/H	10			
	Pulverizações	D/H	4			
	Colheita, lavagem, seleção, classificação e embalagem	D/H	50			
Subtotal 3						
4	Outros:					
	Frete comercialização	Cx	1500			
	Embalagens (Caixa K, com retorno)	Cx	150			
	Óleo diesel para irrigação (600 mm)	L	750			
Subtotal 4						
Total Geral						
Produção esperada (Caixa K com 22 Kg): 1.500						
Custo por caixa						

Cultura: Cenoura						Área: 1,00 hectare
ESPECIFICAÇÃO		Unid.	Quant.	Unit. (R$)	Total (R$)	% total
1	PRODUÇÃO DE MUDAS:					
	Sementes	Kg	6			
Subtotal 1						
2	INSUMOS:					
	Calcário	t	2			
	Adubo orgânico	t	30			
	Adubo fórmula 4-14-8	t	3			
	Adubo fórmula 20-00-20	t	0,2			
	Herbicida	L	3			
	Fungicida	Kg	4			
	Espalhante adesivo	L	1			
Subtotal 2						
3	SERVIÇOS:					
	Aração	H/T	3			
	Gradagem	H/T	2			
	Levantamento de canteiros	H/T	8			
	Distribuição dos adubos	D/H	4			
	Incorporação dos adubos	H/T	15			
	Semeadura	D/H	3			
	Raleio	D/H	30			
	Adubação de cobertura	D/H	4			
	Irrigação	D/H	20			
	Pulverizações	D/H	2			
	Colheita, lavagem, seleção, classificação e embalagem	D/H	50			
Subtotal 3						
4	Outros:					
	Frete comercialização	Cx	1500			
	Embalagens (Caixa K, com retorno)	Cx	150			
	Óleo diesel para irrigação (400 mm)	L	500			
Subtotal 4						
Total Geral						
Produção esperada (Caixa K com 22 Kg): 1.500						
Custo por caixa						

Cultura: Couve flor | | | | | Área: 1,00 hectare

	ESPECIFICAÇÃO		Unid.	Quant.	Unit. (R$)	Total (R$)	% total
1	PRODUÇÃO DE MUDAS:						
		Sementes	Kg	0,2			
		Bandejas	Unidade	15			
		Substrato	Saco	20			
		Mão de obra	D/H	5			
Subtotal 1							
2	INSUMOS:						
		Calcário	t	2			
		Adubo orgânico	t	30			
		Adubo fórmula 4-30-16	t	1,5			
		Adubo fórmula 20-00-20	t	0,5			
		Adubo químico Bórax	Kg	20			
		Adubo químico Molibdato de sódio	Kg	1,5			
		Inseticida	L	2,5			
		Fungicida	Kg	10			
		Espalhante adesivo	L	3			
Subtotal 2							
3	SERVIÇOS:						
		Aração	H/T	3			
		Gradagem	H/T	2			
		Abertura de covas / sulcos	H/T	8			
		Distribuição dos adubos	D/H	4			
		Incorporação dos adubos	H/T	10			
		Transplantio	D/H	3			
		Capina manual	D/H	10			
		Adubação de cobertura	D/H	4			
		Irrigação	D/H	10			
		Pulverizações	D/H	8			
		Colheita, lavagem, seleção, classificação e embalagem	D/H	30			
Subtotal 3							
4	Outros:						
		Frete comercialização	Cx	2500			
		Embalagens (Caixa com retorno)	Cx	250			
		Óleo diesel para irrigação (500 mm)	L	625			
Subtotal 4							
Total Geral							
Produção esperada (Caixa K com 7 Kg): 2.500							
Custo por caixa							

Cultura: Feijão-vagem — Área: 1,00 hectare

	ESPECIFICAÇÃO	Unid.	Quant.	Unit. (R$)	Total (R$)	% Total
1	**PRODUÇÃO DE MUDAS:**					
	Sementes	Kg	20			
Subtotal 1						
2	**INSUMOS:**					
	Calcário	t	2			
	Adubo orgânico	t	30			
	Adubo fórmula 4-30-16	t	0,6			
	Adubo fórmula 20-00-20	t	0,4			
	Inseticida	Kg/L	4			
	Fungicida	Kg/L	4			
	Espalhante adesivo	L	3			
Subtotal 2						
3	**SERVIÇOS:**					
	Aração	H/T	3			
	Gradagem	H/T	2			
	Abertura de covas / sulcos	H/T	8			
	Distribuição dos adubos	D/H	4			
	Incorporação dos adubos	H/T	10			
	Semeadura	D/H	5			
	Capina manual	D/H	5			
	Tutoramento	D/H	8			
	Adubação de cobertura	D/H	4			
	Irrigação	D/H	8			
	Pulverizações	D/H	6			
	Colheita, lavagem, seleção, classificação e embalagem	D/H	80			
Subtotal 3						
4	**Outros:**					
	Moirões para tutoramento	Dz	30			
	Bambu	Dz	1500			
	Arame liso no 12	Kg	80			
	Frete comercialização	Cx	1000			
	Embalagens (Caixa K, com retorno)	Cx	100			
	Óleo diesel para irrigação (500 mm)	L	625			
Subtotal 4						
Total Geral						
Produção esperada (Caixa K com 13 Kg): 1.000						
Custo por caixa						

Cultura: Pimentão — Área: 1,00 hectare

	ESPECIFICAÇÃO		Unid.	Quant.	Unit. (R$)	Total (R$)	% total
1	PRODUÇÃO DE MUDAS:						
		Sementes	Kg	0,3			
		Bandejas	unidade	20			
		Substrato	Saco	30			
		Mão de obra	D/H	15			
Subtotal 1							
2	INSUMOS:						
		Calcário	t	2,5			
		Adubo orgânico	m³	30			
		Adubo mineral:					
		Adubo fórmula 4-14-8	t	3			
		Adubo 20-00-20	t	0,5			
		Termofosfato magnesisano	t	2			
		NPK + Micro	L	3			
		Inseticidas	Kg ou L	5			
		Fungicidas	Kg ou L	20			
		Espalhante adesivo	L	3			
Subtotal 2							
3	SERVIÇOS:						
		Preparo do solo:					
		Aração	H/T	3			
		Gradagem	H/T	2			
		Marcação dos sulcos: Sulcamento	H/T	8			
		Aplic. e incorp. de adubos	D/H	10			
		Transplante das mudas	D/H	8			
		Fixação de postes/estaqueamento	D/H	2			
		Amarrios	D/H	10			
		Desbrota	D/H	5			
		Capina	D/H	10			
		Aplic. defensivos	D/H	20			
		Adubação de cobertura	D/H	8			
		Irrigações	D/H	32			
		Colheita, lavagem, seleção, classificação e embalagem	D/H	40			
Subtotal 3							
4	Outros:						
		Moirões para tutoramento	Dz	50			
		Bambu	Dz	500			
		Arame liso no 12	Kg	60			
		Fita de ráfia	Kg	20			
		Frete comercialização	Cx	3500			
		Embalagens (Caixa K, com retorno)	Cx	350			
		Óleo diesel para irrigação	L	840			
Subtotal 4							
Total Geral							
Produção esperada (Caixa K com 10 Kg): 3.500							
Custo por caixa							

Cultura: Repolho   **Área: 1,00 hectare**

	ESPECIFICAÇÃO	Unid.	Quant.	Unit. (R$)	Total (R$)	% total
1	**PRODUÇÃO DE MUDAS:**					
	Sementes	Kg	0,2			
	Bandejas	Unidade	15			
	Substrato	Saco	20			
	Mão de obra	D/H	5			
Subtotal 1						
2	**INSUMOS:**					
	Calcário	t	2			
	Adubo orgânico	t	30			
	Adubo fórmula 4-30-16	t	0,8			
	Adubo fórmula 20-00-20	t	0,5			
	Adubo químico Bórax	Kg	20			
	Adubo químico Molibdato de Sódio	Kg	1,5			
	Inseticida	Kg/L	3			
	Fungicida	Kg	20			
	Espalhante adesivo	L	3			
Subtotal 2						
3	**SERVIÇOS:**					
	Aração	H/T	3			
	Gradagem	H/T	2			
	Abertura de covas / sulcos	H/T	8			
	Distribuição dos adubos	D/H	4			
	Incorporação dos adubos	H/T	8			
	Transplantio	D/H	8			
	Capina manual	D/H	10			
	Adubação de cobertura	D/H	4			
	Irrigação	D/H	10			
	Pulverizações	D/H	10			
	Colheita, lavagem, seleção, classificação e embalagem	D/H	30			
Subtotal 3						
4	**Outros:**					
	Frete comercialização	sc	1500			
	Embalagens (saco com 30 kg)	sc	1500			
	Óleo diesel para irrigação (600 mm)	L	750			
Subtotal 4						
Total Geral						
Produção esperada (Sacos com 30 kg): 2.000						
Custo por saco						

Cultura: Tomate						Área: 1,00 hectare
ESPECIFICAÇÃO			Unid.	Quant.	Unit. (R$)	Total	% total
1	PRODUÇÃO DE MUDAS:						
	Sementes		Kg	0,01			
	Bandejas		Unidade	12			
	Substrato		Saco	15			
	Mão de obra		D/H	15			
Subtotal 1							
2	INSUMOS:						
	Calcário		t	2,5			
	Adubo orgânico		m³	30			
	Adubo mineral de plantio:						
	Adubo 4-30-16		t	1,5			
	Termofosfato Magnesiano		t	1,2			
	Adubo mineral de cobertura:						
	Adubo 4-30-16		t	0,35			
	Sulfato de Amônio		t	0,5			
	Nitrocálcio		t	0,3			
	Cloreto de potássio		t	0,4			
	Adubo foliar:						
	Cloreto de cálcio		Kg	20			
	NPK + Micro		L	7,5			
	Inseticidas		Kg ou L	20			
	Fungicidas		Kg ou L	40			
	Espalhante adesivo		L	4,8			
Subtotal 2							
3	SERVIÇOS:						
	Preparo do solo:						
	Aração		H/T	6			
	Gradagem		H/T	6			
	Marcação dos sulcos		D/H	2			
	Sulcamento		H/T	8			
	Aplic. e incorp. de adubos		D/H	20			
	Fechamento de sulcos		D/H	10			
	Transplante das mudas		D/H	10			
	Fixação de postes/estaqueamento		D/H	40			
	Amarrios		D/H	30			
	Desbrota		D/H	40			
	Desbaste de frutos		D/H	40			
	Capação		D/H	30			
	Capina		D/H	16			
	Aplic. defensivos (20 pulv.)		D/H	40			
	Adubação de cobertura		D/H	48			
	Irrigações		D/H	72			
	Colheita, lavagem, seleção, classificação e embalagem		D/H	90			
Subtotal 3							
4	Outros:						
	Esteios de madeira		Unidade	175			
	Estacas de bambu		Dúzia	1167			
	Arame número 16		Kg	70			
	Fita ráfia		Kg	15			
	Óleo diesel		L	1280			
	Frete comercialização		Cx	4000			
	Embalagens (Caixa K, com retorno)		Cx	400			
Subtotal 4							
Total Geral							
Produção esperada (Caixa K com com 22 Kg = 4.000)							
Custo por caixa							

REFERÊNCIAS

NAIKA, S. et al. **A cultura do tomate**: Produção, processamento e comercialização. 1. ed. Wageningen: Fundação Agromisa e CTA, 2006. p. 1-104.

MALDONADE, I. R. **Manual de boas práticas na produção de Alface** / Iriani Rodrigues Maldonade [et al...]. – Brasília, DF: Embrapa Hortaliças, 2014. 44 p. - (Documentos / Embrapa Hortaliças, ISSN 1677-2229; 141).

Filgueira, F. A. R. (2003). **Novo Manual de Olericultura: Agrotecnologia moderna na produção e comercialização de hortaliças** (2a ed.). Editora UFV.

IEA/CATI - Instituto de Economia Agrícola/Coordenadoria de Assistência Técnica Integral. (2011). **Levantamento censitário das unidades de produção agrícola do Estado de São Paulo (Agrianual).** Recuperado de [https://ciagri.iea.sp.gov.br/agrianual/index.htm].

BRASIL. Anelise Macedo. Embrapa Hortaliças. **Produção de hortaliças versus mudanças climáticas: projetos incorporam tecnologias para o enfrentamento de novos cenários agrícolas.**

Embrapa. Brasília, p. 1-1. 01 mar. 2013. Disponível em: https://bit.ly/3MxwRL2. Acesso em: 16 maio 2023.

PAULA SALATI (Brasil). Grupo Globo. **Veja como as mudanças climáticas podem impactar a produção de alimentos no Brasil: maior probabilidade de eventos climáticos extremos dificulta o planejamento dos plantios e diminui a produtividade das lavouras, apontam especialistas entrevistados pelo g1..** G1. São Paulo, p. 1-1. 09 ago. 2021. Disponível em: http://glo.bo/3MdCgpa. Acesso em: 16 maio 2023.

EQUIPE AGROSMART (Brasil). Agrosmart. **O impacto das mudanças climáticas na agricultura.** Agrosmart. Campinas, p. 1-1. 03 out. 2016. Disponível em: https://bit.ly/3o8UGQ2. Acesso em: 16 maio 2023.

IVANCHUK, Natalia. **Mudanças Climáticas e Agricultura: dicas de adaptação.** Blog. São Paulo, p. 1-1. 14 abr. 2022. Disponível em: https://bit.ly/3pQRVDh. Acesso em: 16 maio 2023.

CARLOS EDUARDO PACHECO LIMA (Brasil). **Embrapa Hortaliças. Mudanças climáticas e produção de hortaliças: uma visão geral.** Embrapa. Campinas, p. 1-1. jan. 2009. Disponível em: https://bit.ly/3MxBg0p. Acesso em: 16 maio 2023.

ADRIANO TOSONI DA EIRA AGUIAR (Brasil). Instituto Agronômico. **Instruções Agrícolas para as Principais**

Culturas Econômicas. 2014. Boletim, IAC. Disponível em: https://bit.ly/3lh9we8. Acesso em: 16 maio 2023.

GOMES, Luiz Antonio Augusto *et al*. **CONCEITUAÇÃO E PLANEJAMENTO DE EXPLORAÇÃO OLERÍCOLA.** 2004. 50 f. Dissertação (Mestrado) - Curso de Agronomia, Universidade Federal de Lavras, Lavras, 2004. Disponível em: https://bit.ly/3ocC819. Acesso em: 16 maio 2023.

Warley Marcos Nascimento. **Crise do coronavírus afeta exportações e importações brasileiras de hortaliças.** Portal Embrapa. Brasília, p. 1-1. 29 abr. 2020. Disponível em: https://bit.ly/3ljyvxj. Acesso em: 16 maio 2023.

WARLEY MARCOS NASCIMENTO. Embrapa Hortaliças. **Comercialização e consumo de hortaliças durante a pandemia do novo coronavírus. Portal Embrapa.** Brasília, p. 1-1. 21 maio 2020. Disponível em: https://bit.ly/42zdYgp. Acesso em: 16 maio 2023.

HF BRASIL. **Quais são as perspectivas para o mercado de hortifrúti em 2021?:** depois de um ano com forte impacto negativo da pandemia, setor de hortifrúti espera retomada de investimentos em

2021. **Canal Agro.** São Paulo, p. 1-1. 16 jan. 2021. Disponível em: https://bit.ly/3OgXdIP. Acesso em: 16 maio 2023.

MATHIAS CORMANN. Ocde (Organização Para A Cooperação e Desenvolvimento Econômico). **As políticas públicas da OCDE para responder ao coronavírus (COVID-19)**: covid-19 e o setor agroalimentar: questões e respostas. **Portal Ocde.** Paris, p. 1-1. 29 abr. 2020. Disponível em: https://bit.ly/3W8FUp4. Acesso em: 16 maio 2023.

G1. Grupo Globo. **Pandemia reduz renda de quase 70% dos produtores de hortaliças e frutas, diz pesquisa**: estudo feito pelo cepea afirma que, apesar de serem essenciais, setores do agronegócio tiveram "suas vulnerabilidades expostas".. **G1.** São Paulo, p. 1-1. 13 jul. 2020. Disponível em: http://glo.bo/3MxC31x. Acesso em: 16 maio 2023.

AGRIVALLE. **Mercado das hortaliças. Campo & Negócios Online.** Uberlândia, p. 1-1. 11 maio 2021. Disponível em: https://bit.ly/458L7kU. Acesso em: 16 maio 2023.

FABIO OLIVIERI DE NOBILE. Centro Universitário da Fundação Educacional de Barretos (Unifeb).

Panorama do mercado de hortaliças. **Campo & Negócio Online.** Uberlândia, p. 1-1. 27 maio 2021. Disponível em: https://bit.ly/3Wi1OGn. Acesso em: 16 maio 2023.

CEPEA - CENTRO DE ESTUDOS AVANÇADOS EM ECONOMIA APLICADA. Esalq - Escola Superior de Agricultura Luiz de Queiroz. **HF BRASIL/CEPEA: COM DISPARADA NOS PREÇOS DOS INSUMOS, CUSTOS COM HORTALIÇAS SOBEM COM FORÇA**. Imprensa. Piracicaba, p. 1-1. 03 jun. 2022. Disponível em: https://bit.ly/45a6UIX. Acesso em: 17 maio 2023.

REIS, **Tiago. Custo de produção: saiba o que é e como é calculado. Suno.** São Paulo, p. 1-1. 29 jan. 2018. Disponível em: https://bit.ly/42GSWg1. Acesso em: 17 maio 2023.

DELL TECHNOLOGIES. Grupo Globo. **9 tendências tecnológicas para o agronegócio**: de sensores à internete das coisas, saiba quais são as novidades em tecnologia que têm tomado conta das propriedades rurais. **G1.** São Paulo, p. 1-1. 30 jun. 2021. Disponível em: http://glo.bo/3pOy1Jl. Acesso em: 17 maio 2023.

AGROHALL. **AGRICULTURA 4.0: QUAIS SÃO OS DESAFIOS ENFRENTADOS PELOS PRODUTORES? Agrohall.** Divinópolis, p. 1-1. 29 jul. 2022. Disponível em: https://bit.ly/3MyspLY. Acesso em: 17 maio 2023.

ZIDORA, César Benites Mário *et al*. Fatores determinantes para o acesso à informação por produtores de hortaliças na região sul de Moçambique. **Revista de Economia e Sociologia Rural**, [S.L.], v. 60, n. , p. 1-1, 2022. FapUNIFESP (SciELO). http://dx.doi.org/10.1590/1806-9479.2021.238628. Disponível em: https://bit.ly/45c22CT. Acesso em: 17 maio 2023.

TOMÁS M. PETERSEN. Redação Globo Rural. **Inovação no agro: 5 áreas em que a tecnologia pode ajudar a produção**: para a fao, uso de tecnologia é imperativo para garantir a disponibilidade de alimentos para o futuro. **Globo Rural.** São Paulo, p. 1-1. 29 out. 2022. Disponível em: https://bit.ly/3OijHmp. Acesso em: 17 maio 2023.

BANCO MUNDIAL. **Qual é o futuro da agricultura em um mundo pós-pandêmico? Banco Mundial.**

São Paulo, p. 1-1. 12 nov. 2020. Disponível em: https://bit.ly/4346vpy. Acesso em: 17 maio 2023.

G1. Grupo Globo. **Falta de infraestrutura de acesso à internet é entrave para agricultura digital para 61% dos produtores**: pesquisa da embrapa, em parceria com sebrae e inpe, afirma que somente os grandes produtores estão conseguindo investir em melhoria da conectividade nas propriedades.. **G1**. São Paulo, p. 1-1. 11 ago. 2020. Disponível em: http://glo.bo/3pMXCCq. Acesso em: 17 maio 2023.

JACTO. **Saiba como gerenciar o ciclo de produção agrícola estrategicamente. Blog Jacto.** Pompéia, p. 1-1. 24 mar. 2022. Disponível em: https://bit.ly/42K3nPE. Acesso em: 17 maio 2023.

HORA, Rerison Catarino da *et al*. Cucurbitáceas e outras. **Hortaliças-Fruto**, [S.L.], p. 71-111, 2018. EDUEM. http://dx.doi.org/10.7476/9786586383010.0005. Disponível em: https://bit.ly/3MCwe36. Acesso em: 17 maio 2023.

FERNANDO MENDES LAMAS. Embrapa Agropecuária Oeste. **A importância das** cultivares para a agricultura. **Portal Embrapa**. Brasília, p. 1-1. 07 abr. 2020. Disponível em: https://bit.ly/3WaOhQM. Acesso em: 17 maio 2023.

VEASEY, Elizabeth Ann *et al*. **Processos evolutivos e a origem das plantas cultivadas**. Ciência Rural, [S.L.], v. 41, n. 7, p. 1218-1228, jul. 2011. FapUNIFESP (SciELO). http://dx.doi.org/10.1590/s0103-84782011000700018. Disponível em: https://bit.ly/3Wjjwcl. Acesso em: 17 maio 2023.

MORAES, Anibal de; PALHANO, Ana Luiza. **FISIOLOGIA DA PRODUÇÃO DE PLANTAS FORRAGEIRAS**. Botucatu: Unesp, 2023. 28 p. Disponível em: https://bit.ly/3WgfVfh. Acesso em: 17 maio 2023.

GARCIA, Éllen da Silva. **VIABILIDADE ECONÔMICA DA PRODUÇÃO DE HORTALIÇAS ORGÂNICAS EM MÉDIA ESCALA**: estudo de caso na região metropolitana de sorocaba-sp. 2020. 78 f. Dissertação (Mestrado) - Curso de Planejamento e Uso de Recursos Renováveis, Centro de Ciências e Tecnologias Para A Sustentabilidade, Universidade Federal de São Carlos, Sorocaba, 2020. Disponível em: https://bit.ly/3BTCiOx. Acesso em: 17 maio 2023.

IBEIRO, Amarolina. **"Agricultura intensiva e extensiva"**; Brasil Escola. Disponível em: https://brasilescola.uol.com.br/geografia/agricultura-intensiva-extensiva.htm. Acesso em 17 de maio de 2023.

NOZOMU MAKISHIMA. Embrapa. **O cultivo de hortaliças**. Brasília: Serviço de Produção de Informação, 1993. 105 p. Disponível em: https://bit.ly/432W19R. Acesso em: 17 maio 2023.

MAYK ALVES. **Olericultura é opção sustentável para a comercialização e consumo. Agro20.** São Paulo, p. 1-1. 08 mar. 2019. Disponível em: https://bit.ly/42LZiuy. Acesso em: 17 maio 2023.

SEDIYAMA, Maria Aparecida Nogueira; SANTOS, Izabel Cristina dos; LIMA, Paulo César de. **Cultivo de hortaliças no sistema orgânico. Revista Ceres,** [S.L.], v. 61, n. , p. 829-837, dez. 2014. FapUNIFESP (SciELO). http://dx.doi.org/10.1590/0034-737x201461000008. Disponível em: https://bit.ly/3BD5Z60. Acesso em: 17 maio 2023.

DANIEL VILAR. Agriconline. **Características e Classificação das Hortaliças. Portal Agrionline.**

São Paulo, p. 1-1. 11 maio 2021. Disponível em: https://bit.ly/3okMQD4. Acesso em: 21 maio 2023.

www.ingramcontent.com/pod-product-compliance
Lightning Source LLC
Chambersburg PA
CBHW031610210526
45464CB00004B/1514